财经院校通识教育核心课程系列教学辅导书

逻辑案例与习题

LUOJI ANLI YU XITI

主编 曾狄 唐晓勇　副主编 廖伟 谷飙

西南财经大学出版社

财经院校通识教育核心课程
系列教材编委会

序

在百舸争流、千帆竞发的改革开放大潮中，西部唯一的财经类全国重点大学——西南财经大学，正快速步入人才培养、科学发展的新时期。

在这个新时期，人类社会的变革前所未见的迅猛、深刻、广泛。以电子信息科技、生命科技和纳米科技为带头学科的现代科学技术突飞猛进、高速发展；经济全球化、信息化、知识化的浪潮汹涌澎湃，势不可挡地席卷世界的每一个角落。综合国力竞争日益激烈，但归根结底体现在人才特别是高端创新型人才的培养与造就上。在这个新时期，我国经济体制深刻变革，社会结构深刻变动，利益格局深刻调整，思想观念深刻变化。中国特色社会主义的高等教育正在实现或者说已经完成从"精英教育"向"大众化教育"的转变。正是在这个新时期，西南财经大学所面临的机遇前所未有，所面临的挑战也前所未有。我们一直在严肃思考、热烈讨论这样一个重大问题：面对新的机遇与挑战，取得过卓越成绩的西南财经大学如何更好地发挥作为国家金融、经济高层次人才培养、科学研究和学术交流重要基地的作用？并力求得出一个更为完美的答案。

西南财经大学广大师生在学校党委、行政的带领下，立足自身实际，深入学习、广泛调研了国内外高水平大学的办学经验，经多轮反复论证，形成了学校"十一五"发展规划，明确了建设特色鲜明高水平大学的奋斗目标。

大学以人才培养为本，以高素质人才为基。人才培养质量，直接受制于人才培养模式。为了培养高质量的人才，必须转换现行人才培养模式，改革课程设置，塑造具有优良的思想道德素质、合理的知识结构、健全的人格素养的创新型人才，满足全面建设小康社会和构建社会主义和谐社会的需要。

经过一年多的实践和探索，学校初步形成了一整套具有我校特色的本科人才培养模式，即强化通识教育，实施在通识教育基础上的宽口径专业教育模式，着力构建在通识教育基础上的有财经学科特色的专业教育体系。在课程设置上，按"立足学科前沿，加强基础训练，重视综合交叉"的思路，形成了"五个层级（含公共基础课、文理基础课、大学科基础课、专业主修课、文化素质课）＋个性化模块（自由选修课）"的课程结构体系；针对本科一、二年级主要修读"两基一文"（含公共基础课、文理基础课、文化素质课）课程，开设了人文科学类重点建设的 12 门通识教育核心课程：中国传统文化概论、逻辑学导论、历史通论、社会学通论、艺术导论、科学技术史、大学物理、大学语文、法学通论、经济学通论、管理学通论、心理学导论。与这一新课程设置体系相配套，学校出台了各专业本科课程修读顺序及学时学分计算等一系列具体规定。新的课程体系逻辑结构清晰、层次分明，操作有序、简便、可行。

新模式的实施注重对大学生身心素质的培养，强调人文与科学的交融、基础与专业的融会贯通，促进了学生知识、素质、能力的协调发展，为广大学子增强综合素质搭建了良好的平台，受到了广大师生的好评，引起了社会的关注。全校师生积极参与，热情投入新模式的实践，结出了令人欣慰的初步成果，"财经院校通识教育核心课程系列教材"的出版，就是其中之一。

学校高度重视通识教育核心课程系列教材的建设工作。编写队伍学术实力强，教学经验丰富，注意吸收改革开放以来我国相关学术研究最新成果，跟踪国际学术发展新动态，力求使教材内容反映当代学术前沿；同时，立足新时期本科教学特点，使学术性、新颖性、可读性有机结合。学校期望通过出版与使用这套通识教育核心课程系列教材，达到让学生拓宽视野、扩大知识面、提高人文素养、塑造科学精神的目的，也希望能为我国高等财经院校通识教育及其课程建设做出有益的探索。

是为序。

王裕国
2007 年 9 月 4 日

目　录

目 录

第1章 导论

逻辑学是研究思维形式及其规律的科学。从古希腊的亚里士多德逻辑到现代数理逻辑，逻辑学已形成了一个包括数理逻辑、语言逻辑、辩证逻辑在内的科学体系。逻辑学的发展始终与科学的进步和人类思维能力的提高同步。如今，逻辑学已渗透到计算机软件研发、工程项目管理、商业谈判、法庭辩论等诸多领域，发挥着越来越重要的作用。逻辑是人们正确思维的工具，学习逻辑能提高人们的思维能力和学习能力。在现代大学教育中，将逻辑学作为各专业，尤其是哲学、语言学、文学、法学、经济学、管理学、计算机科学等专业的通识教育课程，具有特别重要的意义。以下逻辑案例及习题主要是帮助同学们掌握逻辑学的定义和对象，了解逻辑学的历史和现状。

1.1 逻辑案例及其分析

[逻辑案例1 班亭发现胰岛素]

糖尿病曾是困扰人类健康的顽疾之一，历史上有不少科学家探索过糖尿病的治疗方法，但都因未能找到它的形成机理而无法根治顽疾。1898 年，奥斯加·缅科夫斯基和胡恩·梅林在一个偶然的机会发现：如果把狗的胰腺切除，狗就会患上糖尿病。他们的发现被记录在当时有名的医学杂志上，但是没有引起科学家的充分重视。缅科夫斯基和梅林也未继续研究胰腺切除和糖尿病之间的因果关系——他们没有意识到，这使他们错失了做出重大科学发现的一次机遇。几年之后，加拿大医生班亭在翻阅医学杂志时读到了这则记录，他立刻被这个新发现吸引了，在头脑中展开了深入的思考：为什么被切除胰腺的狗会患糖尿病？是不是因为胰腺里有某种物质能够控制人和动物的血液中糖的含量？这种物质是什么？将这种物质的提取液注射到患糖尿病动物身上，会不会改善它们的病况？班亭用十只狗进行试验。他把狗的胰腺摘下、捣碎，将提取液注射给患有糖尿病的狗。结果，患病狗的血液中含糖量迅速降低，病况很快得到改善。他又用牛做试验，得到的结果同用狗做试验的结果一样。这样，班亭发现了胰腺里控制血糖含量的物质——胰岛素，这一医学上的重大发现给人类健康带来了福音。

问题：班亭在发现胰岛素过程中的思考运用了哪些逻辑方法？胰岛素的发现表明了科学创新需要什么样的逻辑思维素质？

逻辑分析

在这个案例中，班亭运用了科学逻辑的两种重要方法：溯因推理和假说演绎法。班亭以"胰岛素被切除的狗会患糖尿病"这一现象为依据，探索了糖尿病和"胰腺切除"之间的因果关系，这正是对溯因推理的运用。这一推理使他得出了一个科学假说：胰腺内存在着能够控制血液中糖含量的物质。为了证实这一假说，他又运用了假说演绎法：如果将胰腺的提取液注射到患糖尿病的动物身上，它们血液中的含糖量会发生改变。通过在狗和牛身上进行的试验，得知患病动物注射该提取液后血糖含量迅速下降，验证了班亭的科学假说。

班亭在其他科学家与重大科学发现擦肩而过之后，通过溯因推理和假说演绎找到了糖尿病的形成机理，这表明逻辑素质是科学创新的重要条件。其中，通过对现象的分析提出问题、形成见解是以批判性思维素质为基础的；提出科学假说并且设计试验来验证假说则要依靠演绎推理能力和归纳概括能力。胰岛素的发现表明：较高的逻辑思维素质是科学创新的必要条件，从科学假说的提出到科学理论、科学发现的完成，需要逻辑方法与逻辑能力的综合运用和发挥。

[逻辑案例2　为什么能够推出"至少有两个同学来自同一个省份"？]

一所面向全国招生的著名大学的经济系一年级学生，在他们的第一堂逻辑课上碰到了两个推理问题。老师先问大家：我们班上一共有多少个同学？回答：40个。老师笑着说：虽然我不知道你们来自哪些省份，但我可以推出至少两个同学来自同一个省份。你们说，我这个推论正确吗？同学们迟疑了一会儿，异口同声地回答：正确。这时，有个男同学向老师发问：我们宿舍一共有5个同学，都是来自西北地区，您能猜出我们来自哪些省份吗？老师略加思索，告诉那位同学：你们同宿舍的同学中很可能至少有两个同学来自同一个省份，这个推论不是完全确定的，但它为真的概率在85%以上。

问题：在这两个推理中，运用了哪两种基本推理方法？如果这两个推理的结论是正确的，它们的逻辑依据是什么？

逻辑分析

老师在这两个推理中分别运用了演绎推理和归纳推理方法。演绎推理是从一般到特殊的推理,从真前提必然得出真结论。正确的演绎推理是必然性推理。老师在第一个推理中依据的是"鸽笼原理":如果 $n+1$ 个对象中的每一个都具有 n 种性质之一,那么,至少有两个对象具有同一种性质。它是现代逻辑中的一条定理,在组合数学、集合论等数学分支中有重要意义。将"鸽笼原理"运用到日常推理中,还可以得到许多有趣的结论,例如,"在367个人当中至少有两个人是同月同日生"、"如果有6个同学各自精通英、日、德、俄、法五门外语中的一门,那么,他们中至少有两个人可以用其中的一门外语进行交流"。

老师在第二个推理中运用的是归纳概率推理,它的前提和结论之间只有或然性联系而没有必然性联系。老师之所以认为这个推论"很可能成立",是因为前提对结论的支持概率很高。这个概率值的求法运用了概率论中古典概率的算法,其值为:

$$1 - \frac{4}{5} \times \frac{3}{5} \times \frac{2}{5} \times \frac{1}{5} = \frac{601}{625} = 96\%$$

归纳和演绎在科学研究和日常推理中是相互补充、相辅相成的,知识创新和批判性思维既需要归纳概括能力,也需要演绎分析能力。

[逻辑案例3 "囚徒二难"]

在博弈和决策活动中,决策者必须根据所掌握的关于局势和其他决策者可能的行动选择的信息,做出与自身目标一致的行动选择。这一过程的关键是推理,它也是博弈分析和决策分析的基础。下面是博弈论中非常有名的"囚徒二难"博弈。

两名犯罪嫌疑人被分别关在两间牢房里。如果他们都坦白,则每人将被判3年徒刑;如果只有一人坦白,则坦白者作为污点证人被释放,另一人将被判4年徒刑;如果两人都不坦白,则两人都将因证据不足而被判1年徒刑。

以徒刑期为效用值,"囚徒二难"博弈可表示为双矩阵:

		囚徒乙	
		不坦白	坦白
	不坦白	-1，-1	-4，0
囚徒甲			
	坦白	0，-4	-3，-3

（坦白，坦白）是这个博弈的唯一的纳什均衡，因为无论囚徒甲（囚徒乙）选择什么，囚徒乙（囚徒甲）选择坦白都会有最大效用。但是（坦白，坦白）的效用值是（-3，-3），明显低于（不坦白，不坦白）的效用值（-1，-1）。这就是说，均衡结果并不总是帕累托最优的结果，理性选择在策略性互动环境中并不总是遵循效用最大化原则。

问题：为什么将这个博弈称为"囚徒二难"？其中的推理形式是什么？

逻辑分析

在这个博弈中，两个囚徒在确定自己的策略时都运用了"二难推理"：囚徒甲认为，如果乙选择"坦白"，则自己的最优行动应是"坦白"；如果乙选择"不坦白"，则自己的最优行动仍然应是"坦白"。因此，无论乙选择"坦白"或者选择"不坦白"，自己的最优行动总是"坦白"，这个推理可以表示为：

如果 P，则 Q

如果 -P，则 Q

  P 或者 -P

所以，Q

对于囚徒乙，他的推理与囚徒甲完全一样，结论同样是选择"坦白"。因此，这个博弈的结局是两个囚徒都选择（坦白，坦白），它给两个囚徒各带来 3 年徒刑。相对于其他可能更优的结局，这个结局对两个囚徒都是不利的，但却是理性选择的结果。"囚徒博弈"中的"二难推理"体现了博弈中决策的互动性，这正是博弈与单人决策活动的区别之所在。

[逻辑案例4　说谎者悖论]

悖论是一种特殊的推理现象。如果从公认的背景知识出发，通过严密无误的逻辑推导，推出了矛盾命题的等价式，则我们就可以说出现了悖论。悖论不是一般的逻辑矛盾，而是一种特殊的思维活动和语言游戏，是逻辑学研究的重要课题。在逻辑史上，最古老的悖论源于古希腊的说谎者悖论，它最初的形式是：希腊克里特岛人伊壁门尼德断言所有克里特岛人都是说谎者。亚里士多德认为，这个断言只是"半截子悖论"，并不能从中建立起矛盾命题的等价式。公元前4世纪，麦加拉学派的欧布里德发现，这个断言可以修改为"如果某人说他正在说谎，那么他说的话是真还是假?"。根据这种修改，我们可以将说谎者悖论表述为：我正在说的这句话是假的。

问题：伊壁门尼德的断言为什么只是"半截子悖论"？说谎者悖论的推理形式是什么？

逻辑分析

在伊壁门尼德的断言中，假定断言是真的，则根据伊壁门尼德本人是克里特岛人这个事实，可以推出他的这个断言是假的；但是，假定断言是假的，却不能推出它是真的，除非伊壁门尼德是唯一的克里特岛人并且这个断言是他说过的唯一的一句话。因此，从伊壁门尼德断言不能推出矛盾命题等价式，只能由其真推出其假，故称其为"半截子悖论"。

在"我正在说的这句话是假的"这个断言中，假定其为真，则根据这句话的内容可以推出其假；假定其为假，即非"我正在说的这句话是假的"，可以推出其真。这样，该悖论具有 $P \leftrightarrow -P$ 的形式，故为完整的逻辑悖论。这个悖论的出现，与日常语言的语义封闭性及语词语句的歧义性有关。为了消除以说谎者悖论为代表的逻辑悖论，现代逻辑学家提出了类型论、语言层次理论，促进了逻辑学的发展。

[逻辑案例5   哥德尔不完全性定理]

全部数学理论都是无矛盾的吗？这是所有数学家关心的一个问题。20世纪20年代，德国数学家希尔伯特提出了一个规划，试图用一种无可怀疑的初等方法，证明包括算术、数学分析、集合论在内的全部数学理论具有形式系统的一致性，即无矛盾性。1931年，奥地利逻辑学家哥德尔构造了一个形式算术系统，其中有这样的命题B，B的含义是：B在系统中是不可证的。B是一个断定自身不可证性的不可判定命题，B和它的否定 TB 都不能在系统中得到证明。这表明这个形式算术系统是不完全的。这个命题的结果就是著名的哥德尔不完全性定理，其含义是：在一个足够复杂的能包含自然算术的形式系统中，如果这个系统是无矛盾的，则它必定是不完全的，即存在某个命题及其否定都不可证，因而系统本身的无矛盾性是不可证的。包含自然数算术的系统尚且如此，包含集合论、数学分析的系统的无矛盾性自然也不能用初等的有穷方法证明。哥德尔不完全性定理不但使希尔伯特规划破产，而且打破了人们关于数学理论无矛盾性的美梦。自从不完全性定理发表以来，数学家开始认识到：真实性和可证明性是两种不同的概念，并非所有的真命题都可以在相应的理论系统中得到证明。1997年，帕里斯和哈林顿在组合数学中找到了一个定理，它在相应的皮亚诺算术理论中是不可证的。这表明哥德尔不完全性定理已超越了逻辑学的范围，在主要数学分支中产生了深远的影响。

问题：哥德尔在证明不完全性定理时构造的不可证语句与"说谎者悖论"有什么样的联系？不完全性定理为什么会对数学研究产生深远影响？

逻辑分析

哥德尔构造的语句 B "B 在系统中不可证"，是根据说谎者语句 A "A是假的"类比得到的。这两个语句都是自指性语句，但不可证语句 B 不构成悖论，说谎者语句 A 会产生悖论：如果 A 真则 A 假，如果 A 假则 A 真。哥德尔从说谎者悖论看到了自然语言中因歧义性产生的语言游戏规则的不确定性，发现了这个悖论的根源在于关于真语句的规则是不确定的。由此他领悟到真实性和可证性是两种不同的概念，用不可证语句 B 取代说谎者语句 A，既避免了逻辑矛盾，又证明了系统的不完全性。

哥德尔不完全性定理不仅适用于形式算术系统，而且适用于一般的形式数学系统，这表明用初等的有穷方法证明数学理论的无矛盾性是行不通的，这就要求对公理化方法进行重大改进，数理逻辑的证明论的发展已充分证明了这一点。组合数学中不可证命题的发现，说明了不完全性定理的普遍意义，而且，随着更多不可证命题的出现，人们对数学的形式系统和理论、数学真理和可证命题的关系的认识将会不断深化。

[逻辑案例6 　 罗素悖论]

集合论是逻辑学和数学的基础。自从 19 世纪下半叶集合论建立以来，人们从中发现了一些悖论，如康托悖论、罗素悖论。1903 年，罗素在素朴集合论中发现的悖论是：根据集合论的概括规则，任一性质都可以定义一个集合。由此可以把集合分为两类：一类是不属于自身的集合，如"所有大学生的集合"不是一个人当然也不是一个大学生，故不属于自身；另一类是属于自身的集合，如"由十个汉字组成的短语"本身是一个短语，故可以作为自身的元素。现在来看性质"所有不属于自身的集合"：如果这个性质定义了一个集合 A，那么，A 是否属于自身？根据 A 的定义，可以推出"A 属于 A，当且仅当 A 不属于 A"。这表明，素朴集合论中包含有悖论，这个悖论仅仅涉及集合论的两个基本概念"集合"与"属于",形式上是非常简单的,意义却是非常重大的。它不但引起了人们对集合论的怀疑,而且导致了第三次数学危机的出现。

问题:罗素悖论中的推理形式是什么?它所依赖的背景知识有什么缺陷?

逻辑分析

在罗素悖论中,如果假定 A 是由所有不属于自身的集合所组成的"集合",那么,由 A 属于 A 可以推出 A 不属于 A,因为"不属于自身"是 A 中元素的性质;另一方面,从 A 不属于 A 可以推出 A 属于 A,因为"A 不属于 A"使 A 具有了进入自身的资格。这个矛盾等价式可以用符号表示为:

$$P \leftrightarrow -P$$

在这个悖论的背景知识中,概括原则是最为关键的,它允许根据任一性质定义一个集合,这使得可以有任意大的集合,如所有集合组成的集合、所有基数组成的集合、所有序数组成的集合,等等。如果限制使用概括原则,这样的集合就不具有合法性,罗素悖论自然也就不会出现了。20 世纪20 年代,策梅罗等人创造了公理化集合论以取代素朴集合论,康托悖论、罗素悖论被排除在外,而且公理化集合论中也未发现其他悖论,这使得数学家们对数学的基础恢复了信心。

1.2 教材练习题及其答案

[教材练习题]

一、指出下列各段文字中哪些具有相同的逻辑形式

1. 只有努力工作才能取得好成绩。

2. 本届足球赛,或者辽宁队胜,或者江苏队胜。

3. 如果 A 是案犯,则 A 必有作案时间。

3. 李先生去北京,或者乘火车去,或者乘飞机去。

4. 只有地是湿的,才证明刚才下过雨。

5. 如果你真的爱她,就不应该让她如此痛苦。

二、分析下列语句中哪些是逻辑常项,哪些是逻辑变项

1. 所有含有黄曲霉的食品都是致癌物。

2. 有的作家没有上过大学。

3. 如果不善于总结经验,就不能提高业务水平。

4. 只有通过争辩，才能弄清是非。

5. 他是个医生并且还是个作家。

三、请从给出的五个选项中找出与下列推理结构最为相似的一句

1. 如果学校的财务部门没有人上班，我们的支票就不能入账。我们的支票不能入账，因此，学校的财务部门没有人上班。

A. 如果太阳神队主场是在雨中与对手比赛，就一定会赢。现在太阳神队主场输了，看来一定不是在雨中进行的比赛。

B. 如果太阳晒得厉害，李明就不会去游泳。今天太阳晒得果然厉害，因此可以断定李明一定不会去游泳。

C. 所有学生都可以参加这次的决赛，除非没有通过资格赛的测试。这个学生不能参加决赛，因此他肯定没有通过资格赛的测试。

D. 倘若是妈妈做的菜，菜里面一定有红辣椒。菜里面果然有红辣椒，看来是妈妈做的菜。

E. 如果没有特别的原因，公司一般不批准职员们的事假申请。公司批准了职员小陈的事假申请，看来其中一定有特别的原因。

2. 铁的比重或者大于水的比重，或者小于水的比重，或者等于水的比重。事实上铁的比重不小于水的比重或者等于水的比重，所以铁的比重大于水的比重。

A. 降落的球或者不受外力影响垂直下落，或者受外力影响而偏离方向。这个球垂直下落，所以它没有受外力影响而偏离方向。

B. 小张或者比小李大，或者比小李小，或者与小李同岁。小张与小李同岁，所以，小张不比小李大，也不比小李小。

C. 小张或者比小李大，或者比小李小，或者与小李同岁。小张与小李不同岁，所以，小张或者比小李大，或者比小李小。

D. 小张或者比小李大，或者比小李小，或者与小李同岁。小张既不比小李大，也不比小李小，所以，小张与小李不同岁。

E. 小张或者比小李大，或者比小李小，或者与小李同岁。小张既不比小李大，也不比小李小，所以，小张与小李同岁。

教材习题解答

一、指出下列各段文字中哪些具有相同的逻辑形式

1 和 5 有相同的逻辑形式：只有……，才……。

2 和 4 有相同的逻辑形式：或者……，或者……。

3 和 6 有相同的逻辑形式：如果……，则……。

二、分析下列语句中哪些是逻辑常项，哪些是逻辑变项

1. "所有的……是"是常项，"含有黄曲霉的食品"和"致癌物"是变项。

2. "有的……是"是常项，"作家"和"上过大学"是变项。

3. "只有……，才……"是常项，"通过争辩"和"弄清是非"是变项。

4. "如果……，就……"是常项，"不善于总结经验"和"提高业务水平"是变项。

5. "并且"是常项，"他是个医生"和"他是个作家"是变项。

三、请从给出的五个选项中找出与下列推理结构最为相似的一句

1. D。题干中的推理形式是充分条件假言判断的肯定前件式，五个备选项中只有 D 的推理形式与之完全相同。

2. E。题干中的推理形式是涉及关系的选言判断的否定肯定式，五个备选项中只有 E 的推理形式与之完全相同。

1.3 扩展训练题及其答案

[扩展训练题]

一、选择题

1. 普通逻辑的研究对象是（　　）。

A. 研究思维形式及其规律的科学

B. 研究社会现象及其规律的科学

C. 研究思维的逻辑形式及其基本规律的科学

D. 研究思维及其规律的科学

2. 在"要学好逻辑，就要多做逻辑练习题"这句话中，"逻辑"一词表达（　　）。

A. "事物发展的客观规律"的含义

B. "立场、观点"的含义

C. "思维的规律、规则"的含义

D. "逻辑学"的含义

二、推理能力题

1. 古希腊哲人说：未经反省的人生是没有价值的。

下面哪一个选项与这句格言的意思最接近？

A. 只有经过反省，人生才有价值。

    B. 要想人生有价值，就要不时地对人生进行反省。

    C. 糊涂一世，快活一生。

    D. 人应该活得明白一点。

    2. 人的日常思维和行动，哪怕是极其微小的，都包含着有意识的主动行为，包含着某种创造性，而计算机的一切行为都是由预先编制的程序控制的，因此计算机不可能拥有人所具有的主动性和创造性。

    补充下面哪一项，将最强有力地支持题干中的推理？

    A. 计算机能够像人一样具有学习能力。

    B. 计算机程序不能模拟人的主动性和创造性。

    C. 在未来社会，人控制计算机还是计算机控制人，是很难说的一件事。

    D. 人能够编出模拟人的主动性和创造性的计算机程序。

    3. 植物必须先开花，才能产生种子。有两种龙蒿——俄罗斯龙蒿和法国龙蒿，它们看起来非常相似，俄罗斯龙蒿开花而法国龙蒿不开花，但是俄罗斯龙蒿的叶子却没有那种使法国龙蒿成为理想的调味品的独特香味。

    从以上论述中一定能推出以下哪项结论？

    A. 作为观赏植物，法国龙蒿比俄罗斯龙蒿更令人喜爱。

    B. 俄罗斯龙蒿的花可能没有香味。

    C. 由龙蒿种子长出的植物不是法国龙蒿。

    D. 除了俄罗斯龙蒿和法国龙蒿外，没有其他种类的龙蒿。

    4. 有些"台独"分子论证说：凡属中华人民共和国政府管辖的都是中国人，台湾岛人现在不受中华人民共和国政府管辖，所以台湾岛人不是中国人。

    以下哪一个推理能够明显说明上述论证不成立？

    A. 所有成功人士都要穿衣吃饭，我现在不是成功人士，所以我不必穿衣吃饭。

    B. 商品都有使用价值，空气当然有使用价值，所以空气当然是商品。

    C. 所有技术骨干都刻苦学习，小张是技术骨干，所以小张是刻苦学习的人。

    D. 犯罪行为都是违法行为，违法行为都应受到社会的谴责，所以所有犯罪行为都应受到社会谴责。

    5. 一位医生给一组等候手术的前列腺肿瘤患者服用他从番茄中提取的番茄红素制成的胶囊，每天两次，每次 15 毫克。3 周后发现这组病人的肿瘤明显缩小，有的已几乎消除。医生由此推测：番茄红素有缩小前列腺肿瘤的功效。

以下哪项如果为真，最能支持医生的结论？

A. 服用番茄红素的前列腺肿瘤患者的年龄在 45~65 岁之间。

B. 服用番茄红素的前列腺肿瘤患者中有少数人的病情相当严重。

C. 还有一组相似的等候手术的前列腺肿瘤患者，没有服用番茄红素胶囊，他们的肿瘤没有缩小。

D. 番茄红素不仅存在于西红柿中，也存在于西瓜、葡萄等水果中。

6. 一个热力站有 5 个阀门控制对外送蒸气，使用这些阀门必须遵守以下操作规则：

（1）如果开启 1 号阀，那么必须同时打开 2 号阀并且关闭 5 号阀。

（2）如果开启 2 号阀或者 5 号阀，则要关闭 4 号阀。

（3）不能同时关闭 3 号阀和 4 号阀。

现在要打开 1 号阀，同时要打开的阀门是哪两个？

A. 2 号阀和 4 号阀。

B. 2 号阀和 3 号阀。

C. 3 号阀和 5 号阀。

D. 4 号阀和 5 号阀。

7. 自 1997 年以来，中国香港特区陷入了比较严重的经济衰退；就在这一年，中国香港特区开始实行"一国两制"。有人声称是"一国两制"造成了中国香港特区的经济衰退。

以下哪一个问题对于反驳上述推理最为相关？

A. 两件事情同时发生或相继发生，就能确定它们之间有因果关系吗？

B. 为什么中国台湾地区和新加坡、韩国、美国在此期间也发生了经济衰退？

C. 为什么中国内地的经济一派欣欣向荣？

D. 为什么以前管制（中国）香港的英国在此期间的经济状况也很糟糕？

8. 按照某种人性的一般原则，处于社会生活中的人，不管其地位有多高、受的教育有多长，他的行为总是随环境而变化的。人性中既有善的一面，也有恶的一面，每个人实际上都有自利性情结或倾向，他们被称之为"理性经济人"。

下面哪一个选项不是题干所隐含的意思或能推出的结论？

A. 一个人在为社会提供某种角色或服务的时候，不可能不考虑自身的经济利益。

B. 一旦拥有了公共权力，某些人极有可能用"权力寻租"，搞权钱交易。

C. 应该设计一些制度性因素，对政府官员的行为加以约束。

D. 对政府官员的管理主要应该靠提高他们的自律意识。

9. 军训的最后一天，一班学生进行实弹射击。几位教官事前谈论一班的射击成绩。

张教官说："这次军训时间太短，这个班没有人的射击成绩会是优秀。"

孙教官说："不会吧，有几个人以前训练过，他们的射击成绩可能会是优秀。"

周教官说："我看班长或者体育委员能打出优秀成绩。"

结果发现三位教官中只有一人说对了。由此可以推出以下哪一项肯定为真？

A. 全班所有人的射击成绩都不是优秀。

B. 班里有人的射击成绩是优秀。

C. 班长的射击成绩是优秀。

D. 体育委员的射击成绩不是优秀。

10. 有一家权威民意调查机构，在世界范围内对"911"恐怖袭击事件的发生原因进行调查，结果发现：40%的人认为是由于美国不公正的外交政策造成的，55%的人认为是由于伊斯兰文明与西方文明的冲突造成的，23%的人认为是出自于恐怖分子的邪恶本性，19%的人没有表示意见。

以下哪项最能合理地解释上述看来包含矛盾的陈述？

A. 调查样本的抽取不是随机的，因而不具有代表性。

B. 有的被调查者后来改变了自己的观点。

C. 有不少被调查者认为，"911"恐怖袭击发生的原因不是单一的，而是复合的。

D. 调查结果的计算出现技术性差错。

扩展训练题答案

一、选择题

1. ③

2. ④

二、推理能力题

1. A。"除非……，否则不……"与"只有……，才……"都表示必要条件假言判断。

2. B。B为题干提供了理由：不能模仿主动性和创造性，也就不能拥有人所具有的主动性和创造性。

3. C。植物必须先开花，才能产生种子。法国龙蒿不开花，因此，由龙蒿种子长出的植物不是法国龙蒿。这是必要条件假言判断的否定前件式。

4. A。A与题干中的推理都犯了"大项不当周延"的逻辑错误。

5. C。C提供了题干中实验组的对照组，符合求同求异法的要求。

6. B。打开2号阀和3号阀，则关闭了5号阀和4号阀，因此保证了打开1号阀。

7. A。"在此之后"，未必"因此之故"。

8. D。从"每个人实际上都有自利性情结或倾向"，推不出"政府官员能够提高其自律意识"。

9. A。三位教官中只有一人说对了，表明其中一位教官的说法与其他两位教官的说法不一致，而题干中后两位教官的说法相容，故第一位教官说对了。

10. C。不少被调查者关于"911"恐怖袭击发生原因的意见被分别统计了。

第2章 概念

概念是反映单个或单类思维对象本质属性的思维形式。概念是思维的细胞，是任何一个完整思想的相对独立的、最小的、不可再分的构成要素。逻辑学关于概念的逻辑理论包括对概念的内涵与外延的分析、概念与语词之间的关系的理解、概念逻辑种类的划分、概念之间的逻辑关系的梳理。明确概念内涵和外延的逻辑方法包括对定义和划分的结构和规则的研究。最后，本章还讨论了建立在内涵与外延的反变关系基础上的概念的限制与概括。

2.1 逻辑案例及其分析

[逻辑案例1 给与拿]

杰克有一个爱财如命的朋友。这位老兄十分吝啬，他有进无出，从不给别人一点东西。一天，吝啬鬼与朋友们出去游玩，他不小心掉进了河里。朋友们都跑去救他，其中一个人跪在地上，伸出手并大声喊道："把你的手给我，我拉你上来！"可是吝啬鬼宁可在水里胡乱扑腾，也不肯将手伸出来。这时，杰克走了过来，喊道："拿着我的手，我拉你上来。"吝啬鬼一听，马上把手伸了出来，杰克与大家一起将他拉出了水面。"你们不了解我的这位朋友，"事后，杰克对大家说，"当你要他'给'时，他会非常紧张；但如果你喊他'拿'，情况就不一样了。"

逻辑分析

在这里，"给"与"拿"这两个概念的外延是同一关系，而吝啬鬼却没有意识到这一点，所以，才会在听到这两个词时有不同的举动。由此，我们可以看出此人是何等的吝啬！

[逻辑案例2 一物三吃]

有一次，国王把一个铜板给他的仆人，限他在三天之内买回一件"一物三吃"的食品，如果买不回来，就要砍他的头。两天过去了，东西还没有买到，仆人拿着铜板坐在街上的角落里发愁。这时阿凡提正好路过此地，见状便走上去问他为什么愁眉苦脸。仆人说："你看，天下哪有这样的道理！国王给我一个铜板，限我三天之内给他买一个'一物三吃'的食品，我到处打听，谁也不知道哪儿有这种东西。今天已经是第三天了，太阳下山之前要是还买不着，我就活不成了！"仆人说着就哭了起来。阿凡提听了以后，满有把握地说："别害怕！不就是买'一物三吃'的东西吗？我帮你去买。"然后拉着仆人在街上买了个哈密瓜，并一起去见国王。国王一看仆人捧着一个普普通通的哈密瓜回来，龙颜大怒，立即叫刽子手来砍仆人的头。阿凡提上前一步，说道："陛下，请慢点下令！您的仆人已经满足了您的要求。这哈密瓜就是您所要的'一物三吃'的食品。第一，瓜瓤，您可以吃；第二，瓜皮，羊可以吃；第三，瓜籽，鸡可以吃。"国王一听，虽不符合自己的本意，但是阿凡提所说的话，句句都合乎情理，于是就放了仆人。

逻辑分析

国王所说的"一物三吃"的食品，是一个内涵与外延都很含混的概念。他可以指一种食品有三种吃法；也可以指一种食品本身是由三个可吃的部分组成；还可以指一种食品可以由三种动物来把它吃掉，等等。由于"一物三吃"这个概念不明确，这就给人们留下了多种解释的空间。阿凡提就是利用国王使用"一物三吃"概念上的含混，用一个极平常的哈密瓜，做出了合乎"一物三吃"要求的解释。这个故事告诉我们，概念必须要明确。所谓明确概念，就是要明确概念的内涵和外延。换句话说，只有明确了概念的内涵和外延，才算明确了一个概念。

［逻辑案例3　　输棋者的巧语］

明朝人冯梦龙的《笑府》中，记载了这样一个故事：有一个少年，是个象棋爱好者，他一有空就找人下棋。后来他拜师学艺，棋艺大有长进，村里已无对手。于是他就在大路旁的大树下设下茶摊，摆下棋盘，旁边挂了一块牌子，上面写着："喝茶不要钱，但需下盘棋。"许多过路人，到此边喝茶边与少年对弈，但是他们统统败在了少年的手下。少年十分得意。一天，又有一位旅客走到此地，大概是太渴了，端起碗就喝，一连喝了三碗。之后，少年非常客气地邀请他下棋。那人擦了擦汗，说："一定要下一盘棋吗？我还要赶路哩！"少年指了指树下挂的牌子，笑着说："你喝了我的茶，当然要与我下棋。"旅客只好坐下来与少年下了起来。少年这回可遇到高手了，双方只走了十几个来回，少年就招架不住，败下阵来。旅客觉得少年根本不是他的对手，起身就要离去。少年一把拉住了他："大哥，您年龄比我大，我得尊重您，所以，这盘棋是我有意让您赢的。第二盘我要拿出真工夫了。"旅客信以为真，又与少年下第二盘。可是，不一会儿工夫，少年又输了。"现在我可以走了吧！"旅客边说边起身。"客官请慢，您还有一盘棋没有下呢！""不是已下完两盘棋了吗？"旅客不解。"您刚才喝了我三碗茶，按规定就得与我下三盘棋。""啊？"旅客被逼得无可奈何，只得又与少年下了一盘。结果，少年还是没有挽回败局。这时，旅客站了起来，对少年说："小兄弟，好好练吧，三年后咱们再来下棋！"过了几天，一个绅士把少年找去，问他："听说前几天你与京城象棋高手下过棋？"少年此时才知道，那个旅客原来是象棋国手，难怪那么厉害。"你们下了几盘？""三盘。""胜败如何？"少年很不愿意说出自己连输三盘的悲惨结果，于是他灵机一动，回答说："第一盘我没有赢，第二盘他没有输，第三盘本来可以和，可是他不肯。"绅士一听，高兴极了："你年纪轻轻，就能与国手战成这个成绩，可喜可贺！你为我们家乡争了光。"

逻辑分析

少年没有说假话，他巧妙地利用概念外延间的反对关系，掩盖了自己连输三盘的结果。象棋比赛有三种结局：赢、输、和。赢与输、赢与和、和与输之间各自构成反对关系。所谓反对关系，就是两个概念的外延完全排斥，同时它们的外延之和小于它们共同的属概念的外延。"我没有赢"，意味着我有和或输两种可能；"他没有输"，意味着我还有输与和的结果；"他不肯和"，意味着我有赢与输的两种选择。结果，明明少年连输了三盘，可是在绅士听来，似乎他战果不错，取得了两和一赢的成绩。

[逻辑案例4　生死牌]

古时候有一个国家流传着一种奇怪的习俗，凡是犯法被判处死刑的人，在处死之前，还要抽签请神作最后的裁决：法官在两张小纸片上分别写上"生"和"死"两个字，凡能抽到"生"字的死囚，就可以幸运地得到赦免；而抽到"死"字的死囚，就会立即被当众处死。有一次，一个无辜的农夫被官府里的一个仇人陷害，法官判了他死刑。在处决他的前一天，仇人为了不让他得到赦免，就把写着"生"字的小纸片偷了出来，并换成也同样写着"死"字的小纸片。这样，无论农夫抽到两张中的哪一张，都难逃一死。但是，俗话说，没有不透风的墙，仇人的诡计被同情农夫的一个小吏发现了。小吏连忙以探监为名告诉了农夫，并要他请求法官检查两张小纸片，当众揭露仇人的阴谋。农夫听了眼睛一亮，十分惊喜。奇怪的是，他除了向小吏表示感谢外，还再三叮嘱小吏，千万不要把此事泄露出去，他说他自有办法死里逃生。第二天，抽签开始了。农夫从法官那里抽出一张小纸片后，看也不看，立即把它放进嘴里，拼命地吞了下去，于是谁也不知道农夫抽到的是什么签。法官想：两张小纸片上，一张写着"生"，一张写着"死"，农夫抽的那张小纸片虽然被毁了，但另一张小纸片还在，只要把另一张小纸片抽出来，看看上面写的是什么字，不是就可以知道农夫抽到的是什么签了吗？于是，他把另一张小纸片抽了出来，一看上面写着一个"死"字，就大声宣布："农夫抽到的是'生'字!"农夫凭着他的智慧终于获得赦免，死里逃生，他的仇人的阴谋彻底破产了。

逻辑分析

生与死，从逻辑上讲，是矛盾关系。所谓矛盾关系，就是两个概念的外延完全排斥，同时它们的外延之和等于它们共同的属概念的外延。例如"正义战争"与"非正义战争"，正义战争不是非正义战争，非正义战争也不是正义战争，彼此界线分明，而且"正义战争"和"非正义战争"相加等于一切战争，中间没有第三种情况存在。所以，非此即彼，非彼即此。不是正义战争，就是非正义战争；不是非正义战争，就是正义战争。农夫就是根据这个道理，巧妙地加以运用，取得了成功。

[逻辑案例5　窃书不算偷]

大家都读过鲁迅先生的文章《孔乙己》。满口"之乎者也"而又穷困潦倒的老书生孔乙己，明明偷了人家的东西，却死要面子，不愿承认是偷。当别人说他偷了人家的东西时，孔乙己便睁大眼睛说："你怎么这样凭空污人清白……"有人揭他老底，说亲眼看到他偷了何家的书，被吊着打。孔乙己便涨红了脸，额上的青筋条条绽出，争辩道："窃书不能算偷……窃书! ……读书人的事，能算偷么?"他的回答引得众人哄笑起来。

逻辑分析

为什么众人要哄笑？因为"偷"和"窃"虽是两个不同的词，但在表示一种不正当行为时，是指同一个意思，即"偷"就是"窃"，"窃"就是"偷"，这两个概念的外延是完全相同的，即"偷"和"窃"这两个概念的外延是同一关系。所谓同一关系，是指外延完全重合的两个概念之间的关系。孔乙己不承认自己"偷"，却承认自己"窃"，把同一关系当成非同一关系，所以令人发笑。

[逻辑案例6 绅士是什么东西?]

富兰克林是18世纪美国著名的科学家。一次，富兰克林的仆人问他："主人，绅士是什么东西?"

富兰克林回答道："这是一种生物，是一个能吃、能喝、能睡觉，可是什么也不做的有生命的东西。"

过了一会儿，仆人跑到富兰克林身边说："主人，我现在知道绅士是什么东西了。人们在工作，马在干活，牛也在劳动，唯有猪只知道吃、喝、睡觉而什么都不干。毫无疑问，这猪便是绅士了。"

逻辑分析

在这个幽默故事中，富兰克林运用下定义的方法来回答仆人的问题，对绅士进行了辛辣的讽刺和嘲笑。绅士是"一种生物，是一个能吃、能喝、能睡觉，可是什么也不做的有生命的东西"。这里，富兰克林所使用的定义方法就是"属加种差"的定义法。

[逻辑案例7 矛盾的论断]

儿子："爸爸，什么叫做'矛盾的论断'呢?"

爸爸："矛盾的论断就是不合逻辑的论断嘛!"

儿子："那么，什么叫做'不合逻辑的论断'呢?"

爸爸："唉，这还用得着说吗? 不合逻辑的论断也就是矛盾的论断啊!"

儿子："那……那到底什么是逻辑呀?"

爸爸："嘿，我的小儿子，你真要打破砂锅问到底哟! 告诉你，逻辑呀，就是一门学问，这门学问嘛，就是专门讲逻辑的。明白了吧?"

逻辑分析

以上父子间的一席对话让人忍俊不禁，原因是父亲在给"矛盾的论断"和"逻辑"下定义时，两次违反了逻辑规则，分别犯了"循环定义"和"同语反复"的逻辑错误。

[逻辑案例8 非工作人员不得入内]

小王上班，忘了戴上安全帽。工长对他说："为什么不戴安全帽? 照章罚款10元!""罚款? 且慢。"小王抓了抓脑袋，灵机一动，狡辩道："工长，你看那边门上不是明明写着'非工作人员不得入内'几个大字吗? 既然'非工作人员不得入内'，而安全帽当然不是工作人员，所以，我是照章没戴它入内的呀！"

逻辑分析

要准确理解两个负概念之间的关系，就必须把握它们的论域。所谓论域就是指思维或议论所涉及的特定范围。某个负概念的论域，就是它所从属的属概念。某一特定属概念就是相应种概念的论域，"非工作人员"是"工作人员"的负概念，它们的属概念是"人"。因此"人"就是非工作人员的论域。即是说，"非工作人员"是指不是工作人员的其他人。小王的狡辩之所以无理，就在于他不懂得"非工作人员"是以"人"为论域的，而安全帽当然不属于"人"的范围，所以，安全帽也就当然不属于"非工作人员"。

[逻辑案例9 "柏拉图的人"]

著名的古希腊哲学家柏拉图曾在雅典一个园林中创建了一所"阿卡德米学园"，讲授哲学、数学、天文学、音乐理论等，前后达41年之久。

有一天，柏拉图与学生们在园林中散步。学生边走边向老师请教。一个学生问柏拉图："您说，巨匠创造了一切生物，创造了人。那么，人是什么？"这个问题似乎难倒了这位大哲学家，他皱起了眉头。柏拉图思考了半晌，对学生说："人依靠两条腿走路，依我之见，人是两腿直立的动物。"学生们听了，感到很不满意，心想：用两条腿走路的动物多着呢！难道它们都是人？有一个调皮的学生，不知从哪里抓来一只鸡，问柏拉图："请问老师，这是人吗？"鸡长有两条腿，但鸡显然不是人。柏拉图觉得自己的说法有漏洞，连忙修正自己刚才的说法："人是没有羽毛的两腿直立的动物。"柏拉图心想：人与鸡的区别只不过在于人没有羽毛而鸡有羽毛罢了。这样回答，学生们该满意了吧！正当柏拉图自以为是的时候，又有一个学生，找来了一只拔光了羽毛的鸡，在柏拉图面前高高举起，问老师："这只没有羽毛的鸡，难道是您所说的人吗？""哈哈哈！"学生们大笑起来。柏拉图把目光落在这只没有羽毛的鸡上，过了一会，又把目光移到他的学生身上，半天都说不出话来。从此以后，学园的学生就把那只没有羽毛的鸡称作"柏拉图的人"。

逻辑分析

柏拉图力图把人与其他动物区别开来，揭示人的本质属性，但柏拉图并没有能够正确回答"人是什么"的问题。也就是说，柏拉图没有给"人"

这个概念下一个正确的定义。所谓定义，就是通过描述对象的特性或本质从而揭示概念内涵的一种逻辑方法。定义由被定义项、定义项和定义联项组成。如果没有揭示出对象的特性或本质，那么就没有完成下定义的任务。柏拉图关于"人"的定义，就是没有正确揭示人的特性或本质。我们认为"人"的正确定义应该是：人是能制造和使用生产工具的动物。在这个定义中，"动物"是"人"这一概念的属概念，"能制造和使用生产工具"是"人"与其他动物之间的差别，即种差。这样的定义方法称为"属加种差定义法"。其公式为：被定义项 = 属概念 + 种差。

其实，柏拉图关于"人"的定义，用的也是"属加种差定义法"。柏拉图下定义的方法是正确的，其错误就在于使用的"种差"没有揭示出人与其他动物的区别。

2.2　教材练习题及其答案

[教材练习题]

一、下列各题中，哪些语词或语句表达了划线概念的内涵、外延

（1）社会关系是人们在社会活动中结成的各种关系的总和，包括经济、政治、思想、文化以及家庭等方面的关系。

（2）基础科学是研究自然现象和物质运动基本规律的科学，它包括数学、物理、化学、天文学、地理、生物六大学科。

（3）导弹是依靠自身动力装置推进，有制导系统导引、控制其飞行路线并导向目标的武器。

（4）地震是由于地球内部的某种动力活动而产生的一切震动，包括火山地震、陷落地震和构造地震。

（5）国家机关是行使国家权力、管理国家事务的机关，包括国家权力机关、国家行政机关、审判机关、检察机关和军队等。

二、指出下列划线语词是表达集合概念还是非集合概念，是表达单独概念还是普遍概念

（1）奇数是无穷多的。

（2）定义可分为性质定义、关系定义、发生定义和功用定义。

（3）价格是商品价值的货币表现。

（4）我班同学来自五湖四海。

（5）群众的眼睛是雪亮的。

（6）王宏是群众，不是干部。

（7）<u>法律</u>面前人人平等。

（8）<u>书</u>不可不读，<u>报</u>不可不看。

三、指出下列概念中哪些是正概念？哪些是负概念？

负数、负概念、负电、负效益、

非典型肺炎、非机动车、非法行为、

无产阶级、无机化合物、

不小于、不管部部长、不倒翁

四、试用欧拉图表示下列各组概念外延之间的关系

（1）a. 红色　b. 蓝色　c. 蓝天　d. 颜色

（2）a. 非金属　b. 非固体　c. 非导体

（3）a. 青年　b 学生　c. 女性

（4）a. 四川　b. 成都　c. 成都市武侯区

（5）a. 大学　b. 系　c. 大学生

（6）a. 思维形式　b. 概念　c. 判断　d. 推理

五、指出下列定义是否正确，如果不正确，犯了什么逻辑错误？

（1）期刊就是每月定期出版的刊物。

（2）生产关系就是人与人之间的社会关系。

（3）生命就是内在关系与外在关系的不断适应。

（4）系统就是由要素组成的东西。

（5）生命就是生命物体的生理现象。

（6）书籍就是人类进步的阶梯。

六、指出下列划分是否正确，如果不正确，犯了什么逻辑错误？

（1）植物可划分为根、茎、叶、花、果。

（2）文学作品可分为短篇小说、中篇小说、长篇小说、短诗、长诗、电影剧本、话剧剧本、京剧剧本等。

（3）地球上的气候带可以分为热带、温带、海洋地带与高山地带。

（4）理论可分为科学理论和伪科学理论。

七、分别对下列概念进行一次概括、两次限制

企业、军人、经济学、校园、人、汉语、梦、海洋、高兴

八、分析题

（1）已知：①A 与 B 之间具有种属关系；②有 C 不是 B；③如果 C 不真包含 A，那么 C 真包含于 A。问：A 与 C 之间具有什么关系？写出推导过程并用欧拉图将 A、B、C 三概念之间可能具有的关系表示出来。

（2）已知：①A 与 B 之间具有全异关系；②或者 A 真包含 C，或者 A

真包含于 C；③有的 B 是 C，有的 B 不是 C。问：A 与 C 之间具有什么关系？写出推导过程并用欧拉图将 A、B、C 三概念之间可能具有的关系表示出来。

教材练习题答案

一、下列各题中，哪些语词或语句表达了划线概念的内涵、外延

（1）内涵："人们在社会活动中结成的各种关系的总和"；

外延："经济、政治、思想、文化以及家庭等方面的关系"。

（2）内涵："研究自然现象和物质运动基本规律的科学"；

外延："数学、物理、化学、天文学、地理、生物六大学科"。

（3）内涵："依靠自身动力装置推进，有制导系统导引、控制其飞行路线并导向目标的武器"；

外延：此处无。

（4）内涵："由于地球内部的某种动力活动而产生的一切震动"；

外延："火山地震、陷落地震和构造地震"。

（5）内涵："行使国家权力、管理国家事务的机关"；

外延："国家权力机关、国家行政机关、审判机关、检察机关和军队等"。

二、指出下列划线语词是表达集合概念还是非集合概念，是表达单独概念还是普遍概念

（1）奇数：集合概念、普遍概念。

（2）定义：集合概念、普遍概念。

（3）价格：非集合概念、普遍概念。

（4）我班：集合概念、单独概念。

（5）群众：集合概念、普遍概念。

（6）群众：非集合概念、普遍概念。

（7）法律：非集合概念、普遍概念。

（8）书、报：集合概念、普遍概念。

三、指出下列概念中哪些是正概念？哪些是负概念？

正概念：负数、负概念、负电、无产阶级、不管部部长、不倒翁；

负概念：负效益、非典型肺炎、非机动车、非法行为、无机化合物、不小于。

四、试用欧拉图表示下列各组概念外延之间的关系

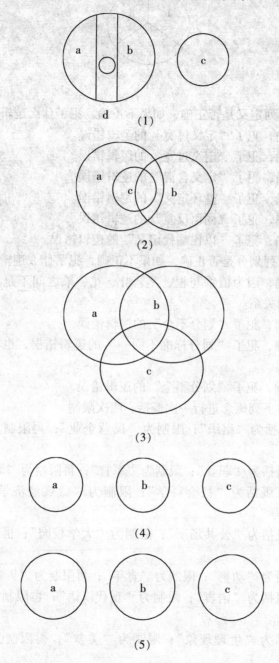

(1)

(2)

(3)

(4)

(5)

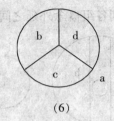

(6)

五、指出下列定义是否正确，如果不正确，犯了什么逻辑错误？

（1）不正确，犯了"定义过宽"的逻辑错误。

（2）不正确，犯了"定义过宽"的逻辑错误。

（3）不正确，犯了"定义含混"的逻辑错误。

（4）不正确，犯了"循环定义"的逻辑错误。

（5）不正确，犯了"同语反复"的逻辑错误。

（6）不正确，犯了"以比喻代定义"的逻辑错误。

六、指出下列划分是否正确，如果不正确，犯了什么逻辑错误？

（1）不正确，因为植物与根、茎、叶、花、果之间不是属种关系，而是整体与部分的关系。

（2）不正确，犯了"划分不全"的逻辑错误。

（3）不正确，犯了"划分标准不同一"的逻辑错误，也犯了"子项相容"的逻辑错误。

（4）不正确，犯了"划分不全"的逻辑错误。

七、分别对下列概念进行一次概括、两次限制

企业：可概括为"组织"；限制为"民营企业"；再限制为"四川的民营企业"。

军人：可概括为"职业"；限制为"军官"；再限制为"海军军官"。

经济学：可概括为"社会科学"；限制为"微观经济学"；再限制为"高级微观经济学"。

校园：可概括为"公共场所"；限制为"大学校园"；再限制为"西南财经大学校园"。

人：可概括为"动物"；限制为"青年"；再限制为"男青年"。

汉语：可概括为"语言"；限制为"现代汉语"；再限制为"现代日常汉语"。

梦：可概括为"生理现象"；限制为"美梦"；再限制为"张三的美梦"。

海洋：可概括为"水体"；限制为"蓝色的海洋"；再限制为"美丽的

蓝色的海洋"。

高兴：可概括为"心理状态"；限制为"非常高兴"；再限制为"由衷的、非常的高兴"。

八、分析题

（1）解：条件③等同于条件④：如果 C 不真包含于 A，那么 C 真包含 A。据条件①，如果 C 真包含于 A，则 C 包含于 B，与条件②相矛盾，所以，C 不真包含于 A，从而 C 真包含 A。由此再根据条件②，B 与 C 之间也具有真包含于关系或交叉关系。这样，A、B、C 三概念的关系可用欧拉图表示如下：

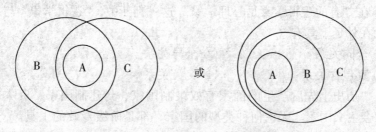

（2）解：条件③，B 与 C 之间具有属种关系或交叉关系。在这两种情况下，A 都不能真包含 C，否则将与条件①矛盾，由此根据条件②，应有 A 真包含于 C。由此再根据条件①，B 和 C 之间不能具有属种关系，只能具有交叉关系。这样，A、B、C 三个概念之间的关系可以用欧拉图表示如下：

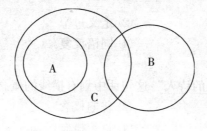

2.3 扩展训练题及其答案

[扩展训练题]

一、单项选择题

1. 在"中国人是勤劳勇敢的"这一判断中，"中国人"是（   ）。

① 集合概念　　　　　　　②非集合概念

③否定概念　　　　　　　④属性概念

2. 概念与语词的关系是（　　）。

① 所有语词都表达概念

② 所有语词都不表达概念

③ 所有概念都要通过语词来表达

④ 有的概念不通过语词来表达

3. 如 c 概念是 a、b 两个概念的属概念，并且所有 a 不是 b，a 与 b 的外延之和等于 c 的外延，则 a 与 b 之间的关系是（　　）。

① 交叉关系　　　　　　② 反对关系

③ 矛盾关系　　　　　　④ 真包含于关系

4. 在"有的逻辑学家是心理学家"这一判断中，"逻辑学家"与"心理学家"在外延上具有（　　）。

① 全同关系　　　　　　② 全异关系

③ 真包含关系　　　　　④ 交叉关系

5. "历史上先后产生的国家有奴隶制国家、封建制国家、资本主义国家、社会主义国家。无论何种类型的国家，都是阶级专政的工具。"这里对"国家"这个概念是（　　）来说明的。

①仅从内涵方面　　　　②仅从外延方面

③先从内涵再从外延　　④先从外延再从内涵

6. 把"企业管理就是对企业进行管理"这句话作为定义，所犯的逻辑错误是（　　）。

① 定义过宽　　　　　　② 定义过窄

③ 循环定义　　　　　　④ 同语反复

二、双项选择题

1. "屈原是伟大的诗人"这句话中划有横线的概念属于（　　）。

① 集合概念　　　　　　② 普遍概念

③ 单独概念　　　　　　④ 肯定概念

2. 在语句"台湾是中国的"中，语词"中国的"表达（　　）概念。

① 集合概念　　　　　　② 普遍概念

③ 非集合概念　　　　　④ 单独概念

3. 下列概念不能划分和限制的是（　　）。

① 泰山　　　　　　　　② 著名逻辑学家

③ 发展中国家　　　　　④ 月亮

⑤ 演绎推理

4. 下列各组概念依据箭头所示的推演关系属于错误限制或概括的是（ ）。

① 动物→哺乳动物→鲸

② 关系判断→简单判断→判断

③ 大学→北京大学→北京大学历史系

④ 地球→行星→天体→宇宙

⑤ 科学家→物理科学家→爱因斯坦

三、多项选择题

1. "社会主义国家"这个概念的反对关系的概念是（ ）。

① 非社会主义国家　　② 封建主义国家

③ 法国　　　　　　　④ 资本主义国家

⑤ 亚洲的国家

2. 下列各组概念中 A 真包含于 B 的有（ ）。

①A. 三段论　　　　　B. 间接推理

②A. 性质判断　　　　B. 简单判断

③A. 判断　　　　　　B. 推理

④A. 联言判断　　　　B. 复合判断

⑤A. 定义　　　　　　B. 逻辑方法

3. 下列各组概念依据箭头所示推演关系属于正确限制的有（ ）。

① 规律→思维规律→同一律

② 科学家→自然科学家→物理学家

③ 判断→非模态判断→简单判断

④ 思维形式→推理→演绎推理

⑤ 三角形→锐角三角形→等边三角形

四、图解题

1. 把适当的概念填入下列图示中，使之能满足图示外延关系。

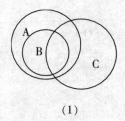

（1）

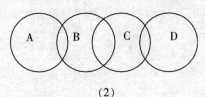

（2）

2. 下面是八组表示概念间关系的图形及五组概念，请在每组概念的括号内填上相应图形的编号。

（1）资本主义国家、亚洲国家、日本（ ）。

（2）科学家、老年人、四川人、青年人（ ）。

（3）大学生、财经大学大学生、共青团员、工人（ ）。

（4）衣服、黑钢笔、红色的、蓝色的（ ）。

（5）著名的科学家、牛顿、爱因斯坦、伽利略（ ）。

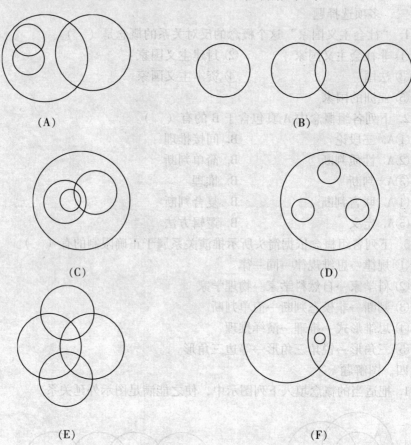

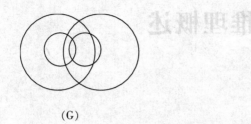 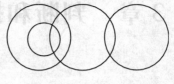

（G）   （H）

扩展训练题答案

一、单项选择题

1.①   2.③   3.③   4.④   5.④   6.④

二、双项选择题

1.②④   2.②③   3.①④   4.③④

三、多项选择题

1.③②④

2.①②④⑤

3.①②③④⑤

四、图解题

1. 把适当的概念填入下列图示中，使之能满足图示外延关系。

（1）A. 学生   B. 优秀学生   C. 青年人

（2）A. 军人   B. 中国人   C. 商人   D. 纽约市民

2. 下面是八组表示概念间关系的图形及五组概念，请在每组概念的括号内填上相应图形的编号。

（1）F   （2）E   （3）H   （4）B   （5）D

第3章 判断和推理概述

在思维活动的过程中，需要将一些概念有机地连接起来构成判断，也需要将一些判断有机地连接起来构成推理。判断和推理是逻辑学的主要研究对象，也是逻辑学的核心内容，在实际思维和语言表达中发挥着重要作用。

判断是对对象有所断定并且具有真假性的思维形式。所谓"对对象有所断定"，就是指对对象情况（事件）的肯定或否定。在本书中，主要介绍性质判断、关系判断、复合判断。

人们通过对对象情况（事件）进行断定而形成判断之后，思维活动并没有停止。为了满足认知活动的需要，还进一步要求从已知的判断出发，推导出未知的或新的判断。这种思维过程就是推理。推理也是一种思维形式，它由一个或几个已知的判断推出另一个新的判断。在本书中，主要介绍关于性质判断的推理、关于关系判断的推理、关于复合判断的推理。

3.1 逻辑案例及其分析

[逻辑案例1 大臣被刺身亡案]

20世纪80年代，北欧某王国发生了大臣被刺身亡案。这位大臣是乘坐敞篷车进入银行大厦时遇刺的。案发后，警方逮捕了嫌疑人D，并认定他就是凶手。警方的分析是这样的：

第一，大臣是被从银行大厦三楼射出的子弹击中身亡的，因此，只有当时在银行大厦三楼逗留过的人才有可能作案，而有人证明了D当时正在大厦三楼，所以D是凶手。

第二，经检验，子弹是从一支六点五毫米口径的意大利造卡宾枪中发射的。因此，凶手肯定有一支六点五毫米口径的卡宾枪。根据调查，D在不久前曾买过这种枪，所以，D是凶手。

第三，据现场目击者说，刺杀发生在下午13：30～13：31之间，射击时间总共10秒，凶手一共开了5枪。如果不是一个优秀的枪手，凶手无法用卡宾枪在10秒内连发5枪，而D恰恰是一个优秀的枪手，所以D肯定是凶手。

问题：在这个案件分析中，警方提出了哪些判断？运用了哪些推理？这些推理正确吗？为什么？

逻辑分析

警方的分析包括三个必要条件的假言推理，每个推理的前提是必要条件的假言判断和该判断的后件，其形式是从 P→Q 和 Q 推出 P，即从"只有 Q 才 P"和"Q"推出 P。具体地说，它们分别是：

（1）只有当时在银行大厦三楼逗留的人才是凶手，D 当时在银行大厦三楼逗留，所以，D 是凶手；

（2）只有拥有六点五毫米口径意大利造卡宾枪的人才是凶手，D 有一支这样的枪，所以，D 是凶手；

（3）只有优秀的枪手才会完成刺杀，D 是优秀的枪手，所以，D 是凶手。

这三个推理都不是正确的假言推理，它们都是必要条件假言推理的"肯定前件式"。因此，警方根据这样的推理分析就将 D 认定为凶手是错误的，这种推理错误难免会造成冤假错案。

这里需要注意的是，找到犯罪嫌疑人和认定凶手是两回事。从警方的证据和 D 的特征看，D 确实有重大嫌疑；但是，要将 D 认定为凶手，警方还需要以下证据的支持：①案发当时在银行大厦逗留的人是否只有 D 一个人？②嫌疑人中是否只有 D 一个人拥有六点五毫米口径意大利造卡宾枪？③嫌疑人中是否只有 D 一个人是优秀的枪手？如果这三个问题的答案中有一个是肯定的，警方推理的前提就有一个是充分必要条件假言判断，根据"肯定后件"式的有效性，就可以将 D 认定为凶手；如果这三个问题的答案都不是肯定的，而且除 D 之外还有其他人同时具备推理的前提所描述的特征，那就不能将 D 认定为凶手。

[逻辑案例2　数学归纳法]

如果我们对自然数的平方和进行观察，可以发现以下等式：

$$1^2 + 2^2 = \frac{1}{6} \times 2 \times 3 \times 5$$

$$1^2 + 2^2 + 3^2 = \frac{1}{6} \times 3 \times 4 \times 7$$

$$1^2 + 2^2 + 3^2 + 4^2 = \frac{1}{6} \times 4 \times 5 \times 9$$

由此我们可以提出一个判断：

$$1^2 + 2^2 + \cdots + n^2 = \frac{1}{6}n\ (n+1)\ (2n+1)$$

这个判断是否正确呢？显然，我们不能通过对每个自然数 n 进行验证来确立这个判断。一种可行的方法是：假设这个判断对 n 成立，然后考察 $1^2 + 2^2 + \cdots + n^2 + (n+1)^2$，看看它是否等于 $\frac{1}{6}\ (n+1)\ (n+2)\ (2n+3)$。如果回答是肯定的，我们就不仅可以确认这个判断对所有小于或等于 n + 1 的自然数成立，而且可以确认它对所有自然数都成立。这时，我们才可以说我们证明了恒等式：$1^2 + 2^2 + \cdots + n^2 = \frac{1}{6}n\ (n+1)\ (2n+1)$。

上述方法是数学归纳法，它包括两个方面：一是通过观察和实验，归纳概括出一般性的判断；二是对作为假说的判断进行证明，这种证明包括归纳基础、归纳假设、归纳验证三个步骤。在数学史上，许多定理是靠归纳法发现的，如关于凸多面体的面、顶点、棱的欧拉公式 $F + V - E = 2$，数论中的二次互反律，等等。

问题：为什么归纳法会成为发现数学定理的重要手段？数学归纳法的逻辑特征是什么？

逻辑分析

归纳法是从特殊到一般的推理，它的结论超出了前提断定的范围。归纳法不仅是经验科学的主要方法，也是数学这种理论科学的重要方法，因为数学的对象数量关系和空间结构具有客观性，其中的原理和定理可以通过观察、实验与归纳法去认识。数学史上的很多创新能手，如欧拉、高斯、庞加勒都是善于应用归纳法发现数学定理的高手。

数学归纳法是演绎和归纳的结合。从推理方向看，它是从特殊到一般的归纳概括；从结论的确定性看，它是必然性的，因而又具有演绎的特征。数学归纳法的二重性源于数学对象的可分离性和有序性，例如，题干中的若干平方和之间是彼此分离可独立计算的，而它们之间又以自然数的承继关系有序地排列，因此彼此之间又有内在联系。一个有价值的归纳假设的提出不能仅靠对最初几个数据的观察，也需要对对象整体的有序性的把握，只有这样的假设才能通过数学归纳法的证明。

[逻辑案例 3　"假如我当时在船舱里……"]

在阿加莎·克里斯蒂的推理小说《尼罗河上的惨案》中有一个重要的

情节：百万富翁的女继承人林内特死了，死在尼罗河上那条她度蜜月的卡纳克游轮上。她的头部中了一枪，而且是致命的一枪，桌上那条价值五万英镑的项链也不翼而飞了……案发后，大侦探波洛询问死者林内特的女仆路易丝·布尔热："你在案发时听到或看到有人进入林内特的房间吗？"布尔热说她住的客舱离林内特的房间很远，而且当时是夜晚，大家都睡觉了，因此她不可能听到或看到有人进入林内特的房间。接着，她又说："假如我当时没有睡觉，假如我当时在船舱里，也许我就看到了凶手进入主人的房间。"布尔热的回答当时并没有引起波洛的怀疑，直到发现布尔热被人杀死在她的房间中，她的手里握着一张 1 000 法郎纸币的一角，大侦探波洛才如梦方醒：显然布尔热发现了那个凶手，并向他进行了敲诈，但却被凶手杀死。波洛此时才明白了布尔热所说"假如我当时没有睡觉，假如我当时在船舱里，也许我就看到了凶手进入主人的房间"的真实含义。

问题：布尔热说这句话的真实意图是什么？从这句话可以做出什么样的推理？

逻辑分析

布尔热当时没有睡觉，而且就在船舱里，她看到了凶手进入林内特的房间。大侦探波洛询问布尔热时，凶手就在旁边。所以她说"假如我当时没有睡觉，假如我当时在船舱里，也许我就看到了凶手进入主人的房间"是提示凶手：她知道凶杀案的内幕，试图以此敲诈凶手。这句话表面是一个虚拟的充分条件假言判断，实际上表达了一个真实前件的充分条件假言判断。从这句话可以做出推理：如果我当时没有睡觉并且我当时在船舱里，我就看到了凶手进入主人的房间；我当时没有睡觉并且我当时在船舱里；因此，我看到了凶手进入主人的房间。这是充分条件假言判断推理的肯定前件式。

[逻辑案例 4   帽子之谜]

n 个人围坐在一起，他们每个人戴一顶白色或黑色的帽子，每个人都能看见别的人的帽子，但都看不见自己的帽子。一个旁观者宣布："你们中的每个人都戴着白色或黑色的帽子，其中至少有一项是白色的。我将慢慢地数数。每次数数后你们都有机会举一次手。不过你只能在你知道你的帽子颜色的情况下才可以举手。"第一次有人举手是在什么时候？

答案是：如果有 m 顶白帽子，则在旁观者数第 m 次后所有戴白帽子的人会举手，紧接着所有戴黑帽子的人也会举手。

逻辑分析

因为博弈中的局中人无法看到自己的帽子，他们只能通过认知推理获知自己帽子的颜色。局中人的推理是这样的：如果在第一次数数时有人看到其他 $n-1$ 个人的帽子都是黑色的，他就会根据"至少有一顶帽子是白色的"推出自己的帽子是白色的；如果没有人举手，表明每个人至少看到一顶白帽子，而且戴白帽子的人至少也看到了一顶白帽子，从而 n 个人共同知道"至少有两顶白帽子"。第二次数数后如果没有人举手，则 n 个人共同知道"至少有三顶白帽子"……第 $m-1$ 次没有人举手则共同知道"至少有 m 顶白帽子"，到第 m 次数数时，所有戴白帽子的（他们每个人都只看到 $m-1$ 顶白帽子）都会举手；接着戴黑帽子的人就能根据上述情况类似地推出自己戴黑帽子。

在这个博弈中，旁观者所说的"至少有一顶白帽子"是共同知识，是局中人最终能推出自己帽子颜色的关键。容易得知，如果白帽子不少于两顶，"至少有一顶白帽子"就是共有知识——因为每个人都至少看到一顶白帽子，然而，如果没有旁观者的说明，即便是每个人都看到从而得知"至少有一顶白帽子"，仍然会有人不知道某人是否知道某人知道"至少有一顶白帽子"，此时无论怎么数数，局中人也无法推知自己帽子的颜色。正是由于旁观者的说明，才使其从共有知识变成了共同知识；接下来数数的次数、举手的情况都是根据"至少有一顶白帽子"这一共同知识才成为公共性知识从而帮助局中人完成推理的。

值得注意的是，上述例子中"至少有一顶白色帽子"这一共同知识还有更为深刻的意义：如果事实上只有一顶黑帽子而旁观者说"至少有一顶黑帽子"，结果会是怎样？由前面的分析容易得知，在数第 1 次时戴黑帽子的会先举手，然后戴白帽子的才会举手。如果白帽子数 m 大于黑帽子数 l 而旁观者说"白帽子不少于黑帽子"，结果又会怎样？

3.2 教材练习题及其答案

[教材练习题]

1. 分析"所有名词是实词，动词不是名词，所以，所有动词都不是实词"这个推理的逻辑结构，指出以下哪项推理与上述推理在结构上最为相似。

A. 凡细粮都不是高产作物，因为凡薯类都是高产作物，而细粮都不是薯类。

B. 优秀学生都是遵守纪律的，有些优秀学生是大学生，所以，大学生都是遵守纪律的。

C. 铝是金属，金属都是导电的，因此，铝是导电的。

D. 虚词不能独立充当句法成分，介词是虚词，所以，介词不能独立充当句法成分。

2. 试分析下面文字中所包含的判断和推理，并写出其相应的逻辑形式。

日本新日公司寄给上海宝山钢铁公司一箱技术资料。清单上写明是6份，但开箱清点后却只有5份，其中1份下落不明。为了这份资料，中、日双方发生争执。日方坚持认为：我方提供给你方的材料，装箱时需要经过几次检查，不会漏装。宝钢方面则认为：我们开箱时有很多人在场，开箱后又经过几次清点。是在确实判断材料缺少1份后才向你们提出交涉的。双方各执一词，相持不下。

后来，宝钢方面重新做了充分的准备，再次与日方进行谈判。他们全面列举了资料缺失的三种可能：①日方漏装；②运输途中丢失；③我方开箱后丢失。接着逐一分析：如果是在运输途中丢失的，木箱肯定有破损，但现在的木箱完好无损，运输途中丢失的可能性被排除；如果资料是我方开箱后丢失的，木箱上所印的净重量就会大于现有5份资料的重量，但木箱上的净重量正好与5份资料的净重量相等。可见资料既不是途中丢失的，也不是开箱后丢失的，资料一定是日方漏装了。后来，日方经过反复查询，很快就由新日公司补来了漏装的那份资料，宝钢方面取得了谈判的胜利。

教材练习题答案

1. 推理形式为"所有 A 是 B，所有 C 不是 A，所以，所有的 C 不是 B"。

A 在推理形式上与之相同。

2. 在这段文字中，宝钢方面再次谈判时做出的判断是：资料缺乏，或者是因为日方漏装，或者是因为运输途中丢失，或者是因为我方开箱时丢失。在排除了后两种可能性之后，断定"资料缺失是因为日方漏装"。其逻辑形式是：

或者 A 或者 B 或者 C

非 B 并且非 C
_____

故 A

这是一个以选言判断为前提的否定肯定式。

3.3 扩展训练题及其答案

[扩展训练题]

1. "他或者是工人，或者是干部。"

上述判断是以下哪种情况？

A. 无所谓真假。

B. 真的。

C. 假的。

D. 或者是真的，或者是假的。

E. 以上都不对。

2. 不可能所有的中国香港人都会讲普通话。

以下哪项判断的含义与上述判断最为接近？

A. 可能所有的中国香港人都会讲普通话。

B. 可能所有的中国香港人都不会讲普通话。

C. 必然所有的中国香港人都不会讲普通话。

D. 必然有中国香港人不会讲普通话。

E. 必然有中国香港人会讲普通话。

3. "有些人不是坏人，因此，有些坏人不是人。"

下列哪个推理具有与上述推理相同的结构？

A. 有些便宜货不是好货，因此，有些便宜货是好货。

B. 有些便宜货不是假货，因此，有些假货不是便宜货。

C. 所有商品都是有价值的，因此，所有有价值的都是商品。

D. 有些发明家是自学成才的，因此，有些自学成才者是发明家。

E. 没有宗教是科学，因此，没有科学是宗教。

4. 这所大学的学生学习了很多课程，小马是这所大学的一名学生，所以他学习了很多课程。

以下哪项论证展示的推理错误与上述论证中的最相似？

A. 这所学校里的学生都学习数学这门功课，小马是这所学校的一名学生，所以他也学习数学这门课程。

B. 这本法律期刊的编辑们写了许多法律方面的文章，老李是其中的一名编辑，所以他也写过许多法律方面的文章。

C. 这所大学的大多数学生学习成绩很好，小曾是这所大学的一名学生，所以她的学习成绩很好。

D. 所有的旧汽车都需要经常换零件，这部汽车是新的，所以不需要经常换零件。

E. 独立的大脑细胞是不能够进行思考的，所以整个大脑也不能够进行思考。

5. 一家实木地板销售商在其合同文本中郑重承诺："本店所销售的地板绝对是木头做的；负责免费安装，但安装所需材料费除外；免费保修一年，但非本公司过错所造成的损失除外。如有欺诈，本公司愿负法律责任，并付1 000倍以上赔偿金。本公司保留对此合同条款的一切解释权。"

下面哪一个选项是对该公司及其合同的正确评价？

A. 该公司肯定很诚实，因为它承诺：若发现欺诈，愿付1 000倍以上赔偿金。

B. 该公司的合同实际上对它的行为没有任何约束力。

C. 该公司所卖地板肯定都是货真价实的实木地板。

D. 从顾客角度看，该公司的合同条款是可以接受的。

6. 哈尔滨人都是北方人，有些哈尔滨人不是工人。

以上判断为真，则以下哪一项肯定为真？

A. 有些北方人是工人。

B. 有些北方人不是工人

C. 有些工人是北方人

D. 有些工人不是北方人

7. 在一次试验中，一位博士生和一个机器人各自独立地通过电脑回答一组问题，一群科学家再去鉴别电脑屏幕上的哪些回答是由博士生做出的，哪些回答是由机器人做出的，而鉴别结果的差错率竟然高达78%。有一些人认为，试验中所提出的那组问题肯定是不充分的，因为它们不能使一群科学家分辨出那位博士生和那个机器人。

这些人的怀疑基于下面哪一项未陈述的前提？

A. 有的机器人能够与国际象棋高手对弈。

B. 那位博士生是一位围棋高手。

C. 那个机器人是IBM公司的最新一代产品。

D. 在那位博士生和那个机器人之间本来就存在着相当大的差别。

8. 李娜心目中的白马王子是高个子、相貌英俊、博士。她认识王威、吴刚、李强、刘大伟4位男士，其中有一位符合她所要求的全部条件。

（1）4位男士中，有3个高个子，2名博士，1人长相英俊；

（2）王威和吴刚都是博士；

（3）刘大伟和李强身高相同；

（4）李强和王威并不都是高个子。

请问谁符合李娜要求的全部条件？

A. 刘大伟

B. 李强

C. 吴刚

D. 王威

9. 依次取 n 个（n > 1）自然数组成一有穷数列，其中的奇数数列和偶数数列显然都比该自然数数列短。但是，假如让该自然数数列无限延长，则其中的奇数数列和偶数数列必定小于整体；在无穷的世界里，部分可能等于整体。

下面哪一项不可能是上面结论的逻辑推论？

A. 在有穷的世界里，部分可能小于整体。

B. 在无穷的世界里，部分必然不等于整体。

C. 在无穷的世界里，整体可能等于部分。

D. 在有穷的世界里，整体必定大于部分。

10. 参加跆拳道运动的人通常比不参加跆拳道运动的人身体更健康，因此，跆拳道运动有助于增进健康。

以下哪一项如果为真，最能构成对上述结论的质疑？

A. 每年都有少数人在跆拳道运动中因意外事故而受伤。

B. 跆拳道运动能够训练人的反应能力，增强人的敏捷度。

C. 只有身体健康的人才参加跆拳道运动。

D. 男子比女子更喜爱跆拳道运动。

11. 科学家发现，一种名为"SK3"的蛋白质在不同年龄的实验鼠脑部的含量与其记忆能力密切相关：老年实验鼠脑部 SK3 蛋白质的含量较高，年轻实验鼠含量较少；而老年实验鼠的记忆力比年轻实验鼠差。因此，科学家认为，脑部 SK3 蛋白质含量增加会导致实验鼠记忆力衰退。

以下哪项如果为真，最能支持科学家的结论？

A. 在年轻的实验鼠中，也发现了脑部 SK3 蛋白质含量较高的情况。

B. 已经发现人类的脑部也含有 SK3 蛋白质。

C. 当科学家设法降低老年实验鼠脑部 SK3 蛋白质的含量后，它们的记忆力出现了好转。

D. 科学家已经弄清了 SK3 蛋白质的分子结构。

12. 我国已故著名逻辑学家金岳霖小时候听到"金钱如粪土"、"朋友值千金"这样两句话后，发现有逻辑问题，因为由它们也可推出"朋友如粪土"的荒唐结论。

既然"朋友如粪土"这个结论不成立，于是从逻辑上可以推出：

A. "金钱如粪土"这一说法是假的。

B. 如果朋友确实值千金，那么金钱并非如粪土。

C. "朋友值千金"这一说法是真的。

D. "金钱如粪土"、"朋友值千金"这两句话或者都真，或者都假。

13. 近来，世界上有些国家，特别是美国和日本，把它们国内的经济低迷归咎于中国的人民币与美元的固定汇率制度，认为人民币估值过低，从而导致向它们国家倾销廉价商品，对它们国内的某些生产企业造成了压力。

以下各项都是对上述看法的质疑，除了：

A. 日本的经济衰退已经连续十几年了，而当时中国的商品出口额很少，人民币十分疲软。

B. 美国经济衰退主要是由于网络经济神话破灭造成的，并且"911"恐怖袭击又加重了这一衰退。

C. 中国 GDP 仅占全球的 3.9%，对外贸易不到全球的 5%，不具备影响世界市场价格和供求关系的能力。

D. 西方国家的消费者从中国的廉价商品中受益匪浅。

14. "马斯特杯 2003 年中国机器人大赛"中的足球赛正在进行，有三位教授对决赛结果进行了预测：

赵教授说："冠军不是清华大学队，也不是浙江大学队。"

钱教授说："冠军不是清华大学队，而是中国科技大学队。"

孙教授说："冠军不是中国科技大学队，而是清华大学队。"

比赛结果表明，他们中只有一人的两个判断都对，一人的判断一对一错，另外一人全错了。

根据以上情况可以知道，获得冠军的是：

A. 清华大学队

B. 中国科技大学队

C. 浙江大学队

D. 北京航空航天大学队

15. 有一年，哈佛大学毕业生临出校门前，校方对他们做了一个有关人生目标的调查，结果发现 27% 的人完全没有目标，60% 的人目标模糊，41% 的人有近期目标，只有 3% 的人有长远而明确的目标。25 年过去了，那

3%的人不懈地朝着一个目标努力，成为了社会的精英，而其余的人成就要差很多。这说明——

下面接上哪一句话最合适？

A. 应该尽快、尽早地确定自己的人生目标。

B. 人生没有任何意义，但我们应该给它加一个意义。

C. 是否有长远而明确的人生目标，对人生成就的大小有非常重要的影响。

D. 如果有长远而明确的人生目标，就会获得人生的成功。

16. 孔子说："己所不欲，勿施于人。"

下面哪一个选项不是上面这句话的逻辑推论？

A. 只有己所欲，才能施于人。

B. 若己所欲，则施于人。

C. 除非己所欲，否则不施于人。

D. 凡施于人的都应该是己所欲的。

扩展训练题答案

1. 正确答案是 D。任何一个判断都有真假，判断的真假是由是否符合客观实际来决定的。如果题干中的"他"在事实上就是个"工人"或者"干部"，则题干判断是真的；如果"他"在事实上既不是"工人"也不是"干部"，则题干判断就是假的。所以，应该选 D。

2. 正确答案是 D。根据模态判断的对当关系，"不可能所有的中国香港人都会讲普通话"等值于"必然并非所有的中国香港人都会讲普通话"，这又等值于"必然有些中国香港人不会讲普通话"。

3. 正确答案是 B。题干做了一个特称否定判断的换位推理，前提中不周延的项"人"在结论中周延了，这是错误的，也就是说，特称否定判断是不能进行换位推理的。选项 B 和题干所犯错误是一样的，也是进行了特称否定判断的换位推理，它们的推理结构是相同的。选项 D、E 是正确的推理。选项 C 是错误的全称肯定判断的换位推理。选项 A 也是错误的推理，不能根据特称否定判断为真，来判定同一素材的特称肯定判断为真。

4. 正确答案是 B。题干中的推理表面上是一个三段论推理，犯了"四词项"的逻辑错误，大前提中的"学生"和小前提中的"学生"不是同一个概念。选项 B 也是如此，大前提中的"编辑"和小前提中的"编辑"也不是同一个概念，也是犯了"四词项"的逻辑错误。

5. 正确答案是 B。"本公司保留对此合同条款的一切解释权"使承诺变为一纸空文。

6. 正确答案是 D。三段论第三格的有效式。

7. 正确答案是 D。一位博士生和一个机器人各自独立地通过电脑回答一组问题时，在那位博士生和那个机器人之间本来就存在着相当大的差别，这被认为是科学家得以分辨出那位博士生和那个机器人的前提。

8. 正确答案是 C。吴刚是博士；吴刚不是矮个子，因为李强和王威并不都是高个子；王威是另一位博士，但是矮个子。

9. 正确答案是 C。"在无穷的世界里，部分可能等于整体"与"在无穷的世界里，部分必然不等于整体"是矛盾的模态判断。

10. 正确答案是 C。C 说明参加跆拳道运动不是身体健康的原因。

11. 正确答案是 C。C 提供了题干中实验的变化性对照结果，符合探求因果关系的共变法的要求。

12. 正确答案是 B。"如果朋友确实值千金，那么金钱并非如粪土"等价于"或者朋友并非确实值千金，金钱并非如粪土"。

13. 正确答案是 D。正是"西方国家的消费者从中国的廉价商品中受益匪浅"给"它们国内的某些生产企业造成了压力"。

14. 正确答案是 A。孙教授的两个判断都对了，赵教授一对一错，钱教授全错了。

15. 正确答案是 C。有长远而明确的人生目标，是创造非凡成就的必要条件。

16. 正确答案是 D。"己所不欲，勿施于人"是充分条件的假言判断，等价于必要条件的假言判断"除非己所欲，否则不施于人"。前者的形式为"如果非 P 则非 Q"，后者的形式为"除非 P，否则非 Q"。

第4章 简单判断及其推理

所谓简单判断就是自身不包含其他判断的判断。以简单判断作为前提和结论的推理叫做简单判断推理。根据简单判断所断定的是对象的性质还是对象之间的关系，又将简单判断分为性质判断和关系判断，相应的简单判断推理也分为性质判断推理和关系判断推理。

性质判断又称为直言判断，是断定对象具有或不具有某种性质的判断。性质判断可分为四种判断，即全称肯定判断、全称否定判断、特称肯定判断和特称否定判断。

以性质判断作为前提和结论，根据性质判断主项和谓项的周延情况及联项性质的情况可进行各种推演，这就叫做性质判断推理。性质判断推理包括两种重要的类型，即性质判断变形推理和三段论推理。

简单判断除性质判断以外，还有关系判断和模态判断，根据关系判断和模态判断的逻辑性质进行的推理即关系推理和模态推理。

4.1 逻辑案例及其分析

[逻辑案例1 吃素就能长寿吗?]

在许多人的印象中，得道高僧大多是深谙养生之道的寿星，他们长寿的秘诀就在于坚持吃素，有人甚至将"吃素能够长寿"当成了亘古不变的真理。

吃素就能长寿吗? 出家人大多是长寿者吗? 医疗部门为了弄清事实的真相，曾对寺庙中的僧尼的营养和健康状况做了调查，结果发现：这些出家人中大多数患有不同程度的营养不良症，其原因主要是饮食中摄入的蛋白质、脂肪等严重不足，不能满足人体新陈代谢的需要。因此，他们中的大多数人面黄肌瘦，其体貌与文艺作品中描述的仙风道骨的寿星大相径庭。而且，通过对已逝世僧尼的寿命进行统计表明，出家人的平均寿命不高于一般居民的平均寿命，而且，他们中长寿的只是极少数。

问题：为什么有人会以为得道高僧大多是寿星? 为什么有人会将"吃素就能长寿"当成真理? 医疗部门的调查说明了什么?

逻辑分析

许多人关于"出家人多是长寿之人"的印象是从电影、电视剧和小说中得来的，即使现实生活中"有的出家人是长寿的"，也推不出"所有（大多数）出家人都是长寿的"，这是从特称肯定判断到全称肯定判断的无效推理。即使以这个结论作为大前提，以"出家人都吃素"为前提，也推不出"吃素就能长寿"。这是一个第三格三段论的 AAA 式，它违反了"结论只能是特称判断"这条规则，因而是无效的。

医疗部门的调查否定了"所有（大多数）出家人都长寿"，而且说明了"出家人中长寿者极少"的原因正是营养不良，"吃素能够长寿"的"真理"便不攻自破了。

[逻辑案例2　心灵的伪装功能]

身心关系是哲学史中最重要的问题之一。在历史上，笛卡儿、斯宾诺莎等人曾经提出过身心二元论、身心平行论；在当代哲学中，随着认知科学的发展，身心关系和心灵概念再次成为人们关注的中心课题。吉尔伯特·赖尔的《心的概念》一书是当代心灵哲学的开山之作，他在这部书中对心灵及其功能进行了详尽的分析。例如，"一个人总有可能假装充满活力和拥有智能，即使实际上他没有所表现出来的那种活力和智能；一个人总有可能假装拥有创造力和巨大的潜能，即使实际上他没有这样的创造力和潜能。如果人们不可能做出这种伪装并且有效地运用这种伪装，那么，'剧场假象'就根本不可能存在。"

问题：这段引文中运用了什么推理？其形式是什么？

逻辑分析

引文的主干是一个省略的三段论推理，其完整形式为：

所有存在"剧场假象"的时期都是人们可能假装充满活力和智能的时期；

人类存在的任何时期都是存在"剧场假象"的时期，

因此，在人类存在的任何时期都有可能存在这种伪装。

这是一个三段论第一格的 AAA 式，推理形式是有效式。这个推理表明："伪装"是心灵的基本功能之一，它使得人的外在表现超越了人的实际能力。吉尔伯特·赖尔所说的"剧场假象"是人们认识活动中的一种普遍现象，通过分析这种现象与心灵的伪装功能和联系，对心灵概念的理解得到了深化。

［逻辑案例 3 　　破坏力最小的核武器很可能是最危险的吗？］

核武器是人类军事史上最重要的发明，它的巨大杀伤力和破坏力成为核大国威胁对手的主要的手段。核武器会不会在未来的战争中被实际应用？随着更小规模的和更小杀伤力的核武器不断出现并被装备到规模适中的作战部队中，人们对使用核武器的看法也发生了变化。有人认为，在有限战争中使用小规模和小杀伤力的核武器是可能的，没有必要将它们与常规武器区别对待。也有人认为，小规模核武器比传统核武器更可怕。他们是这样论证的：

破坏力最小的核武器很可能是最危险的，因为它们更容易引发一场核战争。

——摘译自弗里曼·道森：《反思：武器和希望》，见《纽约客》，1984 - 02 - 06。

问题：这个论证中的推理形式是什么？它省略了什么样的前提？

逻辑分析

这是一个省略的三段论推理，它的完整形式是：

容易引发一场核战争的武器很可能是最危险的，

破坏力最小的核武器容易引发一场核战争，

因此，破坏力最小的核武器很可能是最危险的。

这个推理形式是三段论第一格 AAA 式，是有效式。推理的大前提显然是一个真判断，推理小前提的真实性来自于以下事实：破坏力最小的核武器与常规武器的差异最小，最有可能在有限战争中被实际使用，而这将导致有限战争升级为核战争，其中使用的核武器可能是具有毁灭性破坏力的原子弹、氢弹。

［逻辑案例 4 　　世人丧失思考能力了吗？］

20 世纪 80 年代，美国人阿兰·布鲁姆的《美国人的大脑封闭了》曾风行一时，成为最热门的畅销书。其中有一句话："我们的文化正在走下坡路，思想正在消失。"类似的畅销书中也有相近的说法，认为美国人已经不动脑子思考问题了。对于这种"众人皆醉我独醒"的论调，评论家颇不以为然。有位书评家写道："如果这些书确实是好书，那么购买它们的读者就懂得如何评价书的品质，他们就没有丧失思考能力，因而这些书的论题是错误的；另一方面，如果这个论题是正确的，读者就只会喜欢那种低层次的书而大众媒体对它们的宣传就只是市场促销的需要，因而阿兰·布鲁姆等人的这些畅销书就没有体现他们所鼓吹的高品位文化，因而这些书是坏书。"

逻辑分析

布鲁姆的书靠着批评世人丧失了思考能力而登上畅销书榜单，这种现象不仅外国有，中国也有，耐人寻味。评论家用一个"二难推理"揭露这一矛盾：如果这些书是好书，读者就没有丧失思考能力；如果这些书的论题是正确的，读者就丧失了思考能力；或者读者丧失了思考能力或者读者没有丧失思考能力，因此，或者这些书是坏书或者这些书的论题是错误的。这样的"二难推理"是破坏式，其结构为：

如果 p，则 q；

如果 r，则 q；

q 或者非 q；

所以，非 p 或者非 r。

评论家运用"二难推理"，不仅揭露了矛盾，而且驳斥了这些畅销书中错误的论题。

[逻辑案例5　乘警、盗贼和三段论推理]

某市发生了一起重大文物盗窃案，盗贼被保卫人员的手枪击伤后，仓皇脱逃，公安部门向各地和铁道公安局发出了通缉令。案发后第三天凌晨，一客运列车上的乘警发现靠通道边的座位上坐着一个左腿裤角上有新鲜血迹的男青年。乘警对这个人的伤情进行了观察，发现这是一个贯通伤，小腿外侧伤口是一个圆的小洞，里侧伤口较大。由此乘警断定这是枪伤。乘警查看此人的证件时，发现他的手臂和手指上都有伤痕，便问道："你的脚上和手臂上的伤是怎么一回事？"回答："划的"。又问："是什么东西划的？"男青年拒不回答。乘警由此断定该青年的伤绝不是"划伤"，一定同某个刑事案件有关。乘警将此人外貌与通缉令上嫌犯特征比较后，认为他很可能是在逃嫌犯，当即将其拘留。经审问后得知，他正是那起文物盗窃案中受伤潜逃的盗贼。

问题：在这个例子中，乘警是怎样推断出男青年的枪伤与刑事案件有关的？

逻辑分析

乘警通过对细节的观察，运用了两个三段论分析得出上述结论：

（1）凡一端小另一端大的贯通伤都是枪伤，这个男青年的左腿伤口是一端小一端大的贯通伤，所以这个男青年的腿伤是枪伤。

（2）凡是不敢告诉他人原因的枪伤必与刑事案件有关，这个男青年拒不回答受伤的原因，所以，他的枪伤必与刑事案件有关。

[逻辑案例6　　香蕉冤案始末]

海南是种植热带水果的天堂，海南的香蕉无论质量还是外观，都是国内香蕉业中的一流产品，享有盛名。每年，蕉农们最大的幸福就是香蕉成熟时节，客商云集、生意兴隆。由于广东、广西大批量的香蕉要到6月之后才上市，所以每年2月至5月是海南蕉价格最高、最好卖的季节。这期间，来自北京、上海、南京、沈阳、长春等地的经销商齐聚这里，将大批香蕉运出岛外。

在2007年，意外的情形出现了。自3月20日之后5天内，口感新鲜、色泽诱人的香蕉突然无人问津。香蕉"地头价"1毛多钱（每斤蕉成本0.6元）都无人收购，农民小家小户种植的香蕉，品质稍微差一点，就只能烂在地里。

"我种了8年香蕉，从来没有见过这样的怪事，"一个蕉农说，"香蕉最怕的是自然灾害，例如台风、霜害等，没有台风基本上都会是好年成，稳赚不赔的。可今年，莫名其妙地害我损失了100万元。"他们当时还不知道，祸起一则"谣言"。

3月13日，广东某网络媒体刊载一则消息称，广州有超过3 000公顷香蕉林感染了号称"香蕉癌症"的"巴拿马病"，且每年以20%的速度扩大感染面积。这种病目前世界上没有有效的治疗方法，被感染的香蕉只能死去。正是报道中提到的"癌"字、"毒"字导致有人担心食用染病香蕉对人身体有害。这则报道，在本是香蕉销售旺季的春季，严重地影响了消费的意向，造成香蕉价格持续下跌。

各级政府接到蕉农的情况报告后，立即行动起来，纷纷召开新闻发布会，请专家澄清谣言，并采取各种措施促进销售。专家指出，香蕉枯萎病与食用香蕉的安全性没有任何关联。所谓"蕉癌"就是香蕉枯萎病（也称巴拿马病），最早在巴拿马发生，是由真菌（镰刀菌）感染而引起的植物病害，对人体没有毒害作用，"吃香蕉会致癌"的传言完全是无稽之谈。

问题：为什么这则报道严重影响了消费的意向，造成香蕉价格持续下跌？

逻辑分析

报道中所谓"蕉癌"误导了消费者的意向和思维，他们容易根据这则报道做这样的三段论推理：

癌症会损害人们的身体健康，

"香蕉癌症"是一种癌症，

因此食用染"香蕉癌症"的香蕉会损害人们的身体健康。

但是该推理犯了四词项错误。大前提中的癌症是损害人们的身体健康的人类疾病，小前提中的"香蕉癌症"就是香蕉枯萎病，是由真菌（镰刀菌）感染而引起的植物病害，对人体没有毒害作用。

[逻辑案例7　报社更正]

抗日战争时期，国民党政府贪污成风。重庆有一家进步报社，以确凿的证据揭露某行政部门"有一半人员贪污"。这下可捅了马蜂窝，该部门大为光火，到报社兴师问罪，要求该报公开道歉，否则将严厉法办。报社答应登报"更正"。

第二天，该报果然刊登了一则《重要更正》，上面说："某月某日本报所载'某部门有一半人员贪污'乃系'有一半人员没有贪污'之误，特此更正。"某部门见了，哭笑不得。群众见了，拍手称快。

逻辑分析

为什么某部门哭笑不得呢？因为这个"更正"的巧妙之处在于事实上根本没有更正。根据逻辑方阵，"有 S 是 P"与"有 S 不是 P"是下反对关系，不能同假，可以同真。肯定"有一半人员没有贪污"，并不能否定"有一半人员贪污"。

[逻辑案例8　狗和海螺]

我们经常听到蛇吞鸡蛋、老鼠吃鸡蛋的故事，却没有听说过狗吃鸡蛋的故事。狗如果吃鸡蛋，那准会吃出事来。外国有一则《狗和海螺》的寓言，说的就是狗吃鸡蛋的故事：有一条狗偶尔吃了一只鸡蛋，感到味道鲜美，解渴又解饥，从此它就吃上瘾了。久而久之，它吃出了经验："噢，原来所有鸡蛋都是圆的。"它常为这个发现而自鸣得意。有一次，它看见一个圆圆的海螺，以为是鸡蛋，高兴极了，急忙奔过去，叼起来，张大嘴巴，一口就把海螺吞了下去。不久，它就觉得肚子疼痛，非常难受，就嘀咕起来："这只鸡蛋怎么和过去的鸡蛋不同呢？难道是一只坏鸡蛋？"这时，海螺在他的肚子里说："我不是鸡蛋，我是海螺。你这个笨蛋！怎么不看清楚，就把我吞进你的肚子里？这里面可真闷啊！"狗一听，明白是怎么回事了："坏了！我以为鸡蛋是圆的，所以圆的东西就是鸡蛋，没想到这个圆的东西不是鸡蛋，而是海螺啊！这怎么办呢?"海螺又从肚子里发出声音："快放我出来!"说完狠狠地咬了狗一口。狗大叫一声："哎哟！疼死我了，我真是活该，相信所有圆的东西都是鸡蛋。"但是后悔已经来不及了。

逻辑分析

这条狗吃鸡蛋久了，逐渐形成了"所有的鸡蛋都是圆的"这个认识，这是正确的，但后来它由此进而推出"所有圆的东西都是鸡蛋"，就错了。

从"所有鸡蛋都是圆的"，到"所有圆的东西都是鸡蛋"，虽是错了，但它也是推理，是演绎推理中的直接推理。直接推理就是以一个判断为前提而得出结论的推理。直接推理有多种形式。狗吃海螺的推理是属于换位法，即改变性质判断主项与谓项的位置的方法。如把"科学不是迷信"换位成"迷信不是科学"，把"电话是通信工具"换位为"有的通信工具是电话"，都是运用了换位法。

换位法有两条规则：第一，只是更换主、谓项的位置，判断的性质不变。第二，原判断中不周延的项换位后仍不得周延。它的有效形式是：

"所有 S 是 P"换位为"有 P 是 S"。

"所有 S 不是 P"换位为"所有 P 不是 S"。

"有 S 是 P"换位为"有 P 是 S"。

O（特称否定判断）判断不能换位。否则"有的人不是学生"换位成"有的学生不是人"，就成了笑话。A（全称肯定判断）判断换位后只能是 I（特称肯定判断）判断。"所有鸡蛋都是圆的东"换位后得到的结论只能是"有的圆的东西是鸡蛋"。那条可怜的狗就是因为不懂得这一点而错误地得出"所有圆的东西都是鸡蛋"，因此吃足了苦头。

[逻辑案例9　某公请客]

有这样一个故事：一天，某公请了四位客人到饭馆吃饭，约好时间是晚上 18 点钟。到了 18 点，已经来了三位客人，还有一位客人没有到，而且还是主客。"我们再等一会吧!"主人微笑着说。俗话说："客随主便"，三个客人点头说道："好，好，我们等。"一直等到 18：30，还不见那位客人的影子。主人急了，自言自语地说："哎！该来的不来。"说完摇了摇头。说者无意，听者有心。客人中有一人心里感到不痛快，心想："怎么，该来的不来?那就是说我是不该来的呀！我走吧。"于是找了一个借口，下楼走了。主人在楼上左等右等，那位主客还是没有来。不但那位没有来，还走掉了一位。主人心里更着急了，叹了口气说："唉！又走了一位。真是，不该走的走了！"听到这话，另一位客人心里也嘀咕开了："什么？不该走的走了，看来主人没有请我客的意思呀！不如走了算了。"于是悄悄地溜了。最后只剩下一个客人了。这位客人与主人是老朋友了。他对主人说："老兄，你以后说话要注意，哪有你这么说话的呀！'该来的不来'，那人家不就成了不该来的人？'不该走的走了'，那人家还不走？以后可千万不要这么说了。"主人解释说："大哥，我可没有说他俩呀！"这位老朋友一听就生气了："噢！原来没有说他俩，说的是我呀！好好好，我也走吧！"说完，头也不回就走了。客人全部被气跑了，某公请客成了泡影。

逻辑分析

某公辛辛苦苦、诚心诚意地请客，结果不仅请客成了泡影，而且与客人还闹出了矛盾，这是什么原因呢？显然是这位主人说的几句不妥的话造成的。主人说的"该来的不来"实际上是与"来的是不该来的"同一意思。"该来的不来"的完整形式是"该来的是不来的"，而"该来的是不来的"与"该来的不是来的"意思相同。"该来的不是来的"又可以换位为"来的不是该来的"，而"来的不是该来的"就是"来的是不该来的"的意思。这样，就会使来了的客人误解为自己是不该来的，因此第一个客人就这样被气跑了。

在这里，"该来的是不来的"与"该来的不是来的"意思相同。"来的不是该来的"就是"来的是不该来的"的意思，我们凭直观就能得出。但从逻辑的角度看，它们都运用了换质法。换质法是改变判断的性质的方法。它有两条规则：第一，只改变前提判断的性质；第二，结论中的谓项是前提中谓项的矛盾概念。它的具体形式是：

"所有 S 是 P"换质为"所有 S 不是非 P"。

"所有 S 不是 P"换质为"所有 S 是非 P"。

"有 S 是 P"换质为"有 S 不是非 P"。

"有 S 不是 P"换位为"有 S 是非 P"。

某公说的"不该走的走了"，其完整形式是"不该走的是走了的"，运用换质法推出"不该走的不是没有走的"，再换位成"没有走的不是不该走的"，再换质为"没有走的是该走的"。这分明是在下逐客令，无怪乎第二个客人也被气跑了。

[逻辑案例10 善意的谎话]

美国前总统卡特在竞选总统时，一位爱挑刺找茬的女记者访问了他的母亲。女记者说："你儿子说，如果他说谎话，大家就不要投他的票。你敢说卡特从来没有说过谎话吗？"卡特的母亲说："也许我儿子说过一些谎话，但都是善意的。""请问，何谓善意的谎话？你儿子说过什么样的善意的谎话？""我儿子说过什么善意的谎话，我老了，不记得了。不过，我曾经说过善意的谎话。"女记者一听十分高兴，以为有机可乘："你说给我听听。""你记得不记得，几分钟前，当你跨进我家门的时候，我对你说：'你非常漂亮，我见到你非常高兴。'这难道不是善意的谎话？""你是在讽刺我！谎话就是谎话，难道还有什么善意的谎话？""你这就不对了，难道你愿意听我说你丑，说不愿意见到你？""这……"女记者说不出话来。"所以，有的谎话是善意的谎话，因为我对你说的这句话就是谎话，但是善意的谎话。"

逻辑分析

卡特母亲的最后一句话是一个三段论推理：

这句话是善意的，

这句话是谎话，

所以，有的谎话是善意的。

这个三段论的中项在大小前提中都处于谓项位置，我们把这样的形式称之为三段论的第三格，其结构是：

M——P

M——S

S——P

[逻辑案例 11　欧布里德的逻辑]

欧布里德凭着能说会道，在大公那里当上了谋士。有一天，他对他的同事说："你没有失掉的东西，那么你就有这件东西，对吗？"他的同事不假思索地说："那当然对呀。""好极了。现在你没有失掉头上的角，那么你头上就有角了。""你胡说！"同事急了，"我头上怎么会有角呢？"欧布里德得意地说："我是从你赞成的前提中得出的。哈哈哈！""你在侮辱我！"同事生气了。于是两人争吵起来，一直吵到大公那里。大公问明情况后，明白了其中的原委。大公想了一想，对欧布里德说："在我的城堡里，你没有失掉坐牢的权利，所以，你就有坐牢的权利。现在让你享受一下坐牢的权利吧！"说完，就令人将欧布里德关了起来。欧布里德无话可说，坐了三天三夜的牢。

逻辑分析

在这个故事中，欧布里德运用的推理是一个三段论：

凡你没有失掉的东西都是你有的东西，

你头上的角是你没有失掉的东西，

所以，你头上的角是你有的东西。

在这个三段论中，中项"你没有失掉的东西"，在大、小前提中的含义是不同的：在大前提"你没有失掉的东西"中是指你原来具有的东西，在小前提"你没有失掉的东西"中是指原来没有的东西。这样，这个三段论实际上就有了四个概念。以不同含义的"你没有失掉的东西"作为中项，就无法将大项和小项必然地联系起来，从而推出确定的结论。所以，在一个三段论中，必须有而且只能有三个不同的概念。这是三段论的第一条规则。违反这条规则就会犯"四概念"的错误。

[逻辑案例12　　波斯猫与战争]

第一次世界大战期间，德军向法军猛烈进攻，法军为了避开德军锐气，积蓄力量，巧施隐身术，躲藏了起来，德军一时失去了攻击目标。德军指挥官下令侦察敌情。一天，德军一名军官用望远镜搜索法军阵地，突然发现了前方阵地下慢慢地爬出了一只名贵的波斯猫，懒洋洋地躺在那里晒太阳。他心想，如此名贵的波斯猫只有法军高级指挥官才有，而高级指挥官当然住在指挥所里。现在前方阵地上出现了一只名贵的波斯猫，这证明那里肯定隐藏了法军旅以上的高级指挥所。于是他立即向上级报告。德军指挥官得到情报后，命令炮火集中轰炸波斯猫晒太阳处，成功地摧毁了法军一个旅指挥所。

逻辑分析

法军指挥所被毁完全是一只波斯猫招来的灾祸。这应归功于德军那位军官缜密的逻辑思维，他成功地运用了两个三段论推理。

其一是：

凡有名贵的波斯猫的地方就有法军高级指挥官，

前方阵地有名贵的波斯猫，

所以，前方阵地有法军高级指挥官。

其二是：

凡有法军高级指挥官就有法军高级指挥所，

前方阵地有法军高级指挥官，

所以，前方阵地有法军高级指挥所。

4.2 教材练习题及其答案

[教材练习题]

一、分析题

1. 假定以下列判断为真，根据对当关系指出与其素材相同的其他三种判断的真假情况。

(1) 人的正确思想是从实践中总结出来的。

(2) 有些同学不是学生会的成员。

(3) 没有选民是违心地参加选举的。

(4) 这部电影里有的情节和历史不符。

2. 下列语句表达何种性质判断？写出其逻辑形式，并指出其主项、谓项的周延情况。

(1) 参加 MBA 考试的不都是学管理专业的。

(2) 没有一件家具不是新添置的。

(3) 有的书法家是青年人。

(4) 虚拟人生不是真实的人生。

3. 下列推理是否正确？为什么？写出其逻辑形式。

(1) 没有教育意义的作品都不是好作品，所以，有些有教育意义的作品是好作品。

(2) 经济规律不是人为创造的，所以，有些人为创造的不是经济规律。

(3) 有的蛇是毒蛇，蜥蜴不是毒蛇，所以蜥蜴不是蛇。

(4) 所有商品都有价值，有的劳动产品不是商品，所以，有的劳动产品没有价值。

(5) 有的水生动物是海豹，海豹是哺乳动物，所以，有的哺乳动物是水生动物。

(6) 逻辑推理对发明创造是有用的，想像不是逻辑推理，所以，想像对发明创造不是有用的。

(7) 马季不是京剧演员，所以，相声演员都不是京剧演员。

(8) 我不想当律师，所以我不必学法律。

4. 某些经济学家是数学系毕业的，因此，某些数学系毕业的是对企业经营有研究的。

下列哪项如果为真，能够保证上述论断正确？

A. 某些经济学家专攻经济学的某一领域，对企业经营没有太多的研究。

B. 某些对企业经营有研究的经济学家不是数学系毕业的。

C. 所有对企业经营有研究的人都是经济学家。

D. 所有的经济学家都是对企业经营有研究的人。

5. 所有物质实体都可以再分，任何可以再分的东西都是不完美的，因而灵魂并非物质实体。

以下哪项是使上述结论成立的假设？

A. 所有可以再分的东西都是物质实体。

B. 没有任何不完美的东西是不可再分的。

C. 灵魂是可分的。

D. 灵魂是完美的。

6. 所有聪明人都是近视眼，我近视得很厉害，所以我很聪明。

以下哪项揭示了上述推理是明显错误的？

A. 我是个笨人，因为所有聪明的人都是近视眼，而我的视力那么好。

B. 所有的猪都有四条腿，但这种动物有八条腿，所以它不是猪。

C. 所有的天才都高度近视，我一定是高度近视，因为我是天才。

D. 所有的鸡都是尖嘴的，这种鸟是尖嘴的，因此它是鸡。

7. 不可能所有错误都能避免。

以下哪项断定的含义与上述断定最为接近？

A. 可能有的错误都不能避免。

B. 可能有的错误能避免。

C. 必然有的错误不能避免。

D. 必然所有的错误都不能避免。

8. 小王、小李、小张准备去爬山。天气预报说：今天可能下雨。

围绕天气预报，三人争论起来。

小王：今天可能下雨，但今天也可能不下雨，我们还是去爬山吧。

小李：今天可能下雨，那就表明今天必然要下雨，我们还是不去爬山吧。

小张：今天可能下雨，表明今天不下雨不具有必然性，去不去爬山由你们决定。

对天气预报的理解，三个人中：

A. 小王、小张正确，小李不正确。

B. 小王正确，小张、小李不正确。

C. 小李正确，小王和小张不正确。

D. 小张正确，小王和小李不正确。

9. 在超市购物后，张林把七件商品放在超市的传送带上，肉松后面紧跟着蛋糕，酸奶后面接着放的是饼干，可口可乐汽水紧跟在水果汁后面，方便面后面紧跟着酸奶，肉松和饼干之间有两件商品，方便面和水果汁之间有两件商品，最后放上去的是一只蛋糕。

如果上述陈述为真，那么，以下哪项也为真？

Ⅰ. 水果汁放在倒数第三的位置上。

Ⅱ. 酸奶放在第二。

Ⅲ. 可口可乐汽水放在中间。

A. 只有Ⅰ。

B. 只有Ⅱ。

C. 只有Ⅰ和Ⅱ。

D. 只有Ⅰ和Ⅲ。

10. 在英语考试中，陈文的分数比朱莉低，但比李强高；宋英的分数比朱莉和李强低；王平的分数比宋英高但比朱莉低。如果以上陈述为真，根据下列哪项能够推出张明的分数比陈文的低？

A. 陈文的分数和王平的一样。

B. 王平的分数和张明的一样。

C. 张明的分数比宋英高，但比王平低。

D. 王平的分数比张明高，但比李强低。

二、证明题

1. 三段论中两个特称前提推不出结论。

2. 结论是全称判断的有效三段论中项不得两次周延。

3. 第四格有效三段论的结论不能是全称肯定判断。

4. 大前提为特称否定判断的有效三段论必定是第三格的 OAO 式。

教材练习题答案

一、分析题

1. 假定以下列判断为真，根据对当关系指出与其素材相同的其他三种判断的真假情况。

（1）原判断是 A 判断。若原判断真，则在素材与之相同的判断中：

E："人的正确思想都不是从实践中总结出来的"为假；

I："人的有些正确思想是从实践中总结出来的"为真；

O："人的有些正确思想不是从实践中总结出来的"为假。

（2）原判断为 O 判断。若原判断为真，则在素材与之相同的判断中：

A："所有同学都是学生会成员"为假；

E："所有同学都不是学生会成员"的真假不能确定；

I："有的同学是学生会成员"的真假不能确定。

（3）原判断为 E 判断，若原判断真，则在素材与之相同的判断中：

A："所有选民都是违心地参加选举的"为假；

I："有的选民是违心地参加选举的"为假；

O："有的选民不是违心地参加选举的"为真。

（4）原判断为 O 判断。若原判断真，则在素材与之相同的判断中：

E："这部电影里所有情节和历史不符"真假不能确定；

A："这部电影里所有情节和历史相符"为假；

I："这部电影里有的情节和历史相符"真假不能确定。

2. 下列语句表达何种性质判断？写出其逻辑形式，并指出其主项、谓项的周延情况。

（1）是特称否定判断，形式为"有的……不是……"，可用符号表示为 SOP，主项 S 不周延，谓项 P 周延。

（2）是全称肯定判断，标准形式为"所有的……是……"，可表示为 SAP，主项 S 周延，谓项 P 不周延。

（3）是特称肯定判断，形式为"有的……是……"，可表示为 SIP，主项 S 和谓项 P 均不周延。

（4）是全称否定判断，形式为"所有的……不是……"，可表示为 SEP，主项 S 和谓项 P 均周延。

3. 下列推理是否正确？为什么？写出其逻辑形式。

（1）形式为 $SEP \vdash \overline{S}IP$，其推理过程为 $SEP \vdash PES$，$PES \vdash PA\overline{S}$，$PA\overline{S} \vdash \overline{S}IP$，推理正确。

（2）形式为 $SEP \vdash POS$，其推理过程为 $SEP \vdash PES$，$PES \vdash POS$，推理正确。

（3）形式为 PIM，$SEM \vdash SEP$。这是三段论第二格的式，但结论中 P 周延，前提中 P 不周延，犯了"大项不当周延"的错误，因此是不正确的。

（4）形式为 MAP，$SOM \vdash SOP$。结论中 P 周延，而在前提中 P 不周延，因此推理不正确。

（5）形式为 MAS，$MAS \vdash SIP$。这是三段论第四格的式，推理形式有效。

（6）形式为 MAP，$SEM \vdash SEP$。结论中大项 P 周延，前提中 P 不周延，因此推理不正确。

（7）形式为 MAS，MEP⊢SEP。原推理是省略的三段论，省略的是小前提"马季是相声演员"。其中，小项在前提不周延，在结论中周延，犯了"小项不当周延"的错误，故推理不正确。

（8）原推理是省略的三段论，省略了大前提"所有想当律师的都必须学法律"。形式为 MAP，SEM⊢SEP，其中大项 P 在前提中不周延，在结论中周延，故推理不正确。

4. D。所有的经济学家都是对企业经营有研究的人，某些经济学家是数学系毕业的；因此，某些数学系毕业的是对企业经营有研究的。这是三段论第四格的有效式。

5. D。这是两个连锁三段论推理。

6. D。题干和选项 D 中的三段论都犯了"中项不周延"的逻辑错误。

7. C。"所有错误都能避免"和"有的错误不能避免"互为负判断，必然非 P 和不可能 P 等价。

8. D。由"今天可能下雨"推不出"今天可能不下雨"，也推不出"今天必然要下雨"，因此，小王和小李对天气预报的理解不正确。

9. B。"水果汁放在倒数第三的位置上"和"可口可乐汽水放在中间"不会同真，但是可以同假。

10. D。分数高低是反对称、传递的二元关系。

二、证明题

1. 参见《逻辑通识教程》第 67 页规则 6 的说明。

2. 证明：假设结论是全称判断，则小项在结论中周延，据规则 2，小项也应当在小前提中周延。如果中项在大、小前提中都周延，则小前提必为全称否定判断，据规则 4，结论应当是全称否定判断。因此大项在结论中周延，据规则 4，大项也应当在大前提中周延。假定中项在大前提中周延，则大前提必为全称否定判断。据两个全称否定判断为前提推不出结论，因此，这样的三段论是无效的。

3. 假设第四格三段论的结论是全称肯定判断，则大、小前提应当也是全称肯定判断。但若小前提是全称肯定判断，则小项在小前提中不周延，因而也不应当在结论中周延，这与假设矛盾。

4. 假设三段论的大前提是特称否定判断，则结论只能是特称否定判断，因此，大项在结论中周延。根据规则 2，大项在大前提中只能是谓项；当大前提为特称否定判断时，小前提只能是全称肯定判断。由于中项在大前提中不周延，它只能在小前提中周延，即大前提和小前提、结论分别为 MOP、MAS、SOP。这正是第三格的 OAO 式。

4.3 扩展训练题及其答案

[扩展训练题]

一、根据性质判断的对当关系，填写下面的括号（注明相应判断的真假情况）

1. 如果 A 真，则 E（　　　）、I（　　　）、O（　　　）
2. 如果 E 真，则 A（　　　）、I（　　　）、O（　　　）
3. 如果 I 假，则 A（　　　）、E（　　　）、O（　　　）
4. 如果 O 真，则 A（　　　）、E（　　　）、I（　　　）

二、指出下列判断哪些是性质判断？哪些是关系判断？

1. 海豚比猴子聪明。

2. 中国和印度都是发展中国家。

3. 马克思和恩格斯是亲密的战友。

4. 李华和张华是同学。

5. 马克思和恩格斯都是德国人。

三、用恰当的判断来反驳下列各判断，即提出下列各判断的矛盾判断

1. 张红可能认识李东。

2. 只有甲去开会，乙才不会去开会。

3. 有成就的人都是天生聪明的人。

4. 流行歌曲都不是民歌。

5. 如果这篇文章是文学作品，那么这篇文章或者是散文，或者是诗歌。

四、对下列判断分别进行换质、换位

1. 所有的辩证唯物主义者都是无神论者。

2. 逻辑学不是不能学好的。

3. 有的工人是劳动模范。

4. 有的疾病不是可以治愈的。

5. 并非没有趣的书都是无意义的。

五、下列三段论是否正确？如果不正确，违反了哪条规则？

1. 人类的祖先是类人猿，你是人，所以你的祖先是类人猿。

2. 有些人是劳动模范，有些人是战斗英雄，所以有些战斗英雄是劳动模范。

3. 凡是肯定判断的谓项都是不周延的，这个概念不是肯定判断的谓项，所以这个概念不是不周延的。

4. 形式逻辑是没有社会性的，形式逻辑是社会科学，所以社会科学是没有社会性的。

5. 没有一种有机物不是含碳元素的，没有一种淀粉不是有机物，所以没有一种淀粉不是含碳元素的。

六、试用有关三段论的知识，回答和分析下列各问题

1. 一个正确的三段论，能否三个词项都周延两次？

2. 一个三论，以 E 判断为大前提，I 判断为小前提，可以得出什么结论？

3. 如果一个三段论的结论是否定的，其大前提能够是 I 判断吗？

4. 如果一个正确三段论的结论是全称的，它的小前提能否是特称肯定判断？

七、推理能力题

1. 关于某一刑事案件有以下四个断言：

（1）有证据表明陈虎没有作案；

（2）作案者或者是王光，或者是陈虎，或者是祝同；

（3）也有证据表明王光没有作案；

（4）电视画面显示：在案发时，祝同在远离案发现场的一个足球赛的观众席上。

下面哪一项是关于题干中四个断言的正确描述？

A. 从上述断言可以推出：只有一个作案。

B. 上述断言中至少有一个是假的。

C. 从这些断言可以推出：表明王光没有作案的证据是假的。

D. 祝同肯定不在该足球赛的观众席上。

2. 电视广告：这酒嘛，年头要长一点，工艺要精一点。好酒，可以喝一点。（广告表演者打量手中的板城烧锅酒）嗯，板城烧锅酒，可以喝一点。

为了使题干中最后一句话成为前面几句话的逻辑推论，需要补充下面哪一个前提？

A. 茅台酒是中国最著名的好酒。

B. 板城烧锅酒年头很长。

C. 五粮液和板城烧锅酒都是好酒。

D. 板城烧锅酒工艺很精。

3. 欧洲蕨是一种有毒的野草，近年来在北半球蔓延并且毁坏了许多牧场。对付这种野草有一种花钱少而且能够自我维持的方法，就是引进这种植物的天敌。因此，一些科学家建议，将产于南半球的以欧洲蕨为食的蛾

子放养到受这种野草影响的北半球地区，以此来控制欧洲蕨的生长。

如果科学家控制欧洲蕨的建议被采纳，以下哪一项是它获得成功的必要条件？

A. 北半球的这种欧洲蕨也生长在南半球气候和土壤条件相近的地区。

B. 所放养的蛾子除了吃欧洲蕨外，也吃生长在北半球的其他野草。

C. 所放养的蛾子能够在北半球存活下来，并且能够形成一个足够大的群体，以便降低欧洲蕨的数量并阻止其生长。

D. 欧洲蕨的数量减少后，牲畜将对这种野草引起的疾病产生免疫力。

4. 学生应该从小就开始学哲学。不然的话，他们会不假思索地接受某些传统价值观，而哲学正是教会他们对这些价值观进行质疑。

上述议论预先假定了下面哪一项或哪些项？

Ⅰ. 除非学生从小就学哲学，否则他们会接受任何观点。

Ⅱ. 即使在很小的年龄，学生也具有某些哲学的概念和理论的能力。

Ⅲ. 学生能对传统价值观提出质疑是件好事。

A. Ⅰ、Ⅱ和Ⅲ

B. Ⅲ

C. Ⅰ和Ⅱ

D. Ⅱ和Ⅲ

5. 韩国人爱吃酸菜，翠花爱吃酸菜，所以，翠花是韩国人。

以下哪个选项最明确地显示了上述推理的荒谬？

A. 所有的克里特岛人都说谎，约翰是克里特岛人，所以，约翰说谎。

B. 会走路的动物都有腿，桌子有腿，所以，桌子是会走路的动物。

C. 西村爱翠花，翠花爱吃酸菜，所以，西村爱吃酸菜。

D. 所有金子都闪光，所以，有些闪光的东西是金子。

6. 国企职工下岗、农民工进城，造成了很高的失业率，并对社会稳定构成了很大威胁。因此，我们必须加大经济发展的规模，加快经济发展的速度。

以下哪一项对题干中的论证提供了最强有力的支持？

A. 只有加大经济发展的规模，加快经济发展的速度，才能创造更多的就业机会。

B. 经济发展的规模和速度与社会就业率之间存在某种关联。

C. 如果一个人失业，就会对他本人及其家人的生活造成影响。

D. 失业的人容易心情烦躁，感情压抑，做出越轨行为。

7. 某电路中有 S、T、W、X、Y、Z 六个开关，使用这些开关必须满足下面的条件：

（1）如果 W 接通，则 X 也要接通；

（2）只有断开 S，才能断开 T；

（3）如果 T 和 X 同时接通，则 W 也必须接通。

如果现在同时接通 S 和 Z，则以下哪项一定为真？

A. T 是接通状态并且 Y 是断开状态。

B. W 和 T 都是接通状态。

C. T 和 Y 都是断开状态。

D. X 是接通状态并且 Y 是断开状态。

8~12 题基于以下题干：有 7 名心脏病患者 E、F、G、H、I、J、K 要分配给 4 名医生治疗，他们是张医生、李医生、王医生和刘医生。每名患者只能由 1 位医生负责，每位医生最多负责两名患者的治疗。患者中 J 和 K 是儿童，其余 5 个是成年人；E、F 和 J 是男性，其余 4 人是女性。以下条件必须满足：

（1）张医生只负责治疗男性患者；

（2）李医生只能负责 1 名患者的治疗工作；

（3）如果某名医生负责治疗 1 名儿童患者，那么他必须负责与这个患儿性别相同的 1 名成人患者的治疗工作。

8. 根据上面的条件，以下哪项肯定为真？

A. F 由李医生负责治疗

B. G 由刘医生负责治疗

C. J 由张医生负责治疗

D. H 由王医生负责治疗

9. 以下每名患者都可以由李医生负责治疗，除了哪一位？

A. E

B. G

C. I

D. K

10. 如果 E 由王医生负责治疗，则以下哪一项肯定为真？

A. F 由李医生负责治疗

B. G 由王医生负责治疗

C. H 由刘医生负责治疗

D. K 由刘医生负责治疗

11. 如果李医生负责治疗 G，则以下哪项可能为真？

A. E 和 F 由刘医生负责治疗

B. I 和 K 由王医生负责治疗

C. H 和 I 由刘医生负责治疗

D. E 和 K 由王医生负责治疗

12. 根据题干，以下哪一项肯定为真？

A. 王医生至少负责治疗一名女性患者

B. 王医生至少负责治疗一名儿童患者

C. 刘医生至少负责治疗一名男性患者

D. 刘医生至少负责治疗一名儿童患者

13～14 题基于以下题干：三个中国学生张林、赵强、李珊和三位外国留学生约翰、杰西、安娜暑假外出旅游。可供选择的旅游地有西安、杭州、大连和张家界。已经知道：

（1）每人只能去一个地方；

（2）凡是有中国学生去的地方，就必须有外国留学生去；

（3）凡是有外国留学生去的地方，就必须有中国学生去；

（4）约翰去西安或者杭州，赵强去张家界。

13. 如果杰西去大连，则以下哪项一定为真？

A. 安娜去张家界

B. 张林去大连

C. 李珊去西安

D. 约翰去杭州

14. 如果题干的断定为真，则去杭州的人中不可能同时包含哪两位？

A. 张林和李珊

B. 李珊和安娜

C. 杰西和安娜

D. 张林和杰西

扩展训练答案

一、根据性质判断的对当关系，填写下面的括号（注明相应判断的真假情况）

1. 如果 A 真，则 E（假）、I（真）、O（假）

2. 如果 E 真，则 A（假）、I（假）、O（真）

3. 如果 I 假，则 A（假）、E（真）、O（真）

4. 如果 O 假，则 A（真）、E（假）、I（真）

二、指出下列判断哪些是性质判断？哪些是关系判断？

1、3、4 是关系判断，2、5 是性质判断。

三、用恰当的判断来反驳下列各判断，即提出下列各判断的矛盾判断

原判断的矛盾判断分别是：

1. 张红必定不认识李东。

2. 甲没有去开会并且乙不会去开会。

3. 有的有成就的人不是天生聪明的人。

4. 有的流行歌曲是民歌。

5. 这篇文章是文学作品，而且这篇文章既不是散文，也不是诗歌。

四、对下列判断分别进行换质、换位

1. 所有的辩证唯物主义者都是无神论者→所有的辩证唯物主义者都不是有神论者→所有的有神论者都不是辩证唯物主义者。

2. 逻辑学不是不能学好的→逻辑学是能学好的。

3. 有的工人是劳动模范→有的工人不是非劳动模范。

4. 有的疾病不是可以治愈的→有的疾病是不可以治愈的。

5. 并非没有趣的书都是无意义的→有的没有趣的书是有意义的。

五、下列三段论是否正确？如果不正确，违反了哪条规则？

1. 四词项错误。

2. 中项不周延。

3. 前提是两个否定判断。

4. 小项不当周延。

5. 正确。

六、试用有关三段论的知识，回答和分析下列各问题

1. 不能。在一个三段论中，如果三个词项都周延两次，则大前提和小前提只能是 E 判断。根据三段论规则，前提是两个否定判断的三段论推不出任何结论。

2. 特称否定判断。在一个三段论中，如果以 E 判断为大前提，I 判断为小前提，根据三段论规则"前提有一个否定判断则结论也只能是否定判断"、"前提有一个特称判断则结论也只能是特称判断"，这个三段论的结论只能是特称否定判断，即 O 判断。

3. 不能。如果一个三段论的结论是否定的，则大项在结论中作为谓项是周延的，根据三段论规则，在结论中前提周延的项必须在前提中周延。如果大前提是 I 判断，大项在大前提中无论是作为谓项还是作为主项都不可能周延，违反三段论规则。

4. 不能。如果一个正确的三段论结论是全称的，则小项结论中作为主项是周延的。根据三段论规则，在结论中前提周延的项必须在前提中周延。如果小前提是特称肯定判断（I判断），小项在小前提中无论是作为谓项还是作为主项都不可能周延，违反三段论规则。

七、推理能力题

1. B。题干的第二项是选言判断，其他三项否定了各个选言肢，因此，题干的各项判断彼此不一致。

2. C。从"五粮液和板城烧锅酒都是好酒"可以推出"板城烧锅酒是好酒"，这是联言判断的分解式推理。

3. C。如果所放养的蛾子不能够在北半球存活下来或者不能够形成一个足够大的群体，就无法降低欧洲蕨的数量并阻止其生长。

4. B。只有预设对传统价值观进行质疑的意义，才会使这个推理有效。

5. B。题干和选项B中的三段论都犯了"中项不周延"的逻辑错误。

6. A。"加大经济发展的规模，加快经济发展的速度"是"创造更多的就业机会"的必要条件。

7. B。从"只有断开S，才能断开T"和"接通S"可以推出"接通T"。

8. C。根据（1）张医生只负责治疗男性患者和（3）如果某名医生负责治疗1名儿童患者，那么他必须负责与这个患儿性别相同的1名成人患者的治疗工作。注意：只有J是男性儿童患者。

9. D。根据（2）李医生只能负责1名患者的治疗工作和（3）如果某名医生负责治疗1名儿童患者，那么他必须负责与这个患儿性别相同的1名成人患者的治疗工作，可以推出：李医生不能负责儿童患者的治疗工作。

10. A。题干排除了李医生负责男性患者的治疗工作。

11. B。题干假设李医生负责一名女性患者的治疗工作，因此王医生和刘医生中的一人会负责治疗一个男性患者的治疗工作。

12. A。根据题目8中张医生负责治疗两个男性患者和（2）李医生只能负责1名患者的治疗工作及共有七名患者即可推知。

13. A。题干假设了至少三个旅游地被选中。因此，每个旅游地有且只有两个人选。

14. A。根据题目13和题干可知每个旅游地有且只有一个中国人和一个外国人选。

第5章 复合判断和复合判断推理（上）

复合判断是包含了判断连接词和其他判断成分的判断，复合判断推理是以复合判断为前提或结论的推理。在日常思维中，复合判断和复合判断推理常常被用于法律文书和法庭辩论中，许多工作报告、论文也要用复合判断来表达。本章的案例分析和习题，能帮助同学们更好地了解复合判断的逻辑性质，更熟练地掌握复合判断推理的形式和技巧。

5.1 逻辑案例及其分析

[逻辑案例1　葛源谷酒厂与双鹿酒业公司商标侵权纠纷]

原告葛源谷酒厂因"健鹿月兔春"商标侵权纠纷起诉双鹿酒业。市中级法院根据起诉和答辩，确认双方争议的焦点是：被告在其与原告同一种商品上使用的商标是否与原告的注册商标相同或者近似。针对上述争议焦点，当事人进行了举证、质证，并根据举证、质证情况，对争议事实作出如下认定：

为证明其主张，原告提供了下述证据：

（1）原告商标注册证，其商标为"月兔及图"。具体特征如下："月兔"二字，在该二字中间有只卧式的兔子，兔子之上一轮弯月，字图紧密相靠且比例相当。

（2）被告产品的外包装。

针对上述两份证据，被告均无异议，但辩称被告所使用的商标与原告的注册商标不相同也不近似。

法院认为，被告的"健鹿月兔春"商标与原告的"月兔及图"商标不相同或不近似，其理由如下：

一是原告商标是"月兔"两字紧靠兔子两旁，而被告的"健鹿月兔春"五字在下，兔子形状在上；

二是原告商标兔子形状为卧式，头上一轮弯月，而被告的"健鹿月兔春"五字在下，兔子形状在上，系蹲式，抬头望一满月；

三是原告商标仅"月兔"二字，而被告的商标有"健鹿月兔春"五字；

四是被告的"健鹿月兔春"五个字中的"月兔春"三个字采用象形美术字体,字形长的有7厘米,而"月兔及图"商标中"月兔"两字是非常规则的楷体。

综上所述,法院认为双方图案在外部轮廓、兔子及月亮形态上明显不同,字与字在字形、大小、字数上明显相异。因此,应认定被告的"健鹿月兔春"商标与原告的"月兔及图"商标不相同或近似。被告的"健鹿月兔春"养生酒商标与原告的"月兔及图"商标两者之间不会使相关公众产生误认,不可能误导公众。

逻辑分析

在上述案例中,法院给出了一个联言推理来认定被告的"健鹿月兔春"商标与原告的"月兔及图"商标不相同或不近似。判定商标是否侵权,通常是列举二者在主要特征上的差异加以说明。相似点越多,则商标侵权的可能性越大。

前提一:两个商标在字与图的排列结构,即外部轮廓上明显不同(P)。

前提二:两个商标在兔子的形状和月亮的形状上明显不同(Q)。

前提三:两个商标在字数上明显不同(R)。

前提四:两个商标在字体和大小上明显不同(S)。

因此,双方图案在外部轮廓、兔子及月亮形态上明显不同,字与字在字形、大小、字数上明显相异($P \wedge Q \wedge R \wedge S$)。

其推理形式为:

$$\frac{P 、 Q 、 R 、 S,}{\text{所以,} P \wedge Q \wedge R \wedge S}$$

[逻辑案例2   公安部网上通缉令]

2000年7月31日,福建省福州市仓山区发生一起故意杀人案,致2人死亡。2007年8月13日,福建省邵武市拿口镇发生一起特大杀人案,致4人死亡、1人重伤。经查,陈金春有重大作案嫌疑,现陈金春在逃。为了捉拿嫌疑犯归案,公安部在网上发布了A级通缉令,要求各地民众协助缉拿凶手。

通缉令对嫌疑犯的描述如下:

陈金春,男(A),40岁(B),福建省人(C),福州口音(D),瘦长脸(E),黑皮肤(F),三角眼(G),身高170厘米(H),体形偏瘦(I)。

逻辑分析

这个判断是一个联言判断:$A \wedge B \wedge C \wedge D \wedge E \wedge F \wedge G \wedge H \wedge I$,它通过对

案犯特征的描述，帮助人们识别犯罪嫌疑人。

如果这些特征（联言判断的联言肢）还不足以把犯罪嫌疑人从某范围的人群中识别出来，那就要继续寻访，增加联言肢，直到找到真正的犯罪嫌疑人为止。

逻辑学告诉我们，一个联言判断为真，当且仅当其所有的联言肢为真。对于一个关于肖像刻画的联言判断来说，其联言肢越多，锁定的范围就越小。因为两个人拥有多个共同特征的概率很小，因此，联言肢越多，越容易识别犯罪嫌疑人。

[逻辑案例3　　青年择偶过程中的减法规则]

某报记者曾专题采访了一个女博士。记者采访她的理由是，堂堂女博士嫁给了一个来自农村的比她小6岁的小区保安，这是一种向传统婚恋观挑战的行为。当记者问她嫁给保安的理由时，女博士笑着说，他善良、温和，我只图他人好、对我好，其他什么也不图。分析当今年轻白领（无论男女）的择偶过程，我们会发现，随着年龄增长，阅历的丰富，其择偶的过程实际上是一个做减法的过程。

下面是一则网上征婚启事中提出的基本择偶条件：

异性（A）（因其不言而喻，故在广告中未被提及），23～28岁（B），身高×××米以上（C），相貌秀丽或俊美（D），在某地工作（E），本科以上学历（F），性格温和（G），善良（H）。

逻辑分析

这个判断是一个联言判断：$A \wedge B \wedge C \wedge D \wedge E \wedge F \wedge G \wedge H$，它通过对理想配偶特征的描述，来征寻符合这些条件的对象。在现实生活中，要真正找到符合这些条件的理想爱人是很难的。逻辑学告诉我们，一个联言判断为真，当且仅当其所有的联言肢为真。一个联言判断的联言肢越多，使之为真的概率越小，可供选择的范围就越小。况且，你即使遇到了符合这些条件的对象，对方也不一定会相中你。也就是说，在这些联言肢之外，还要加上一个联言肢：对方同样相中你（I），因此，年轻的未婚白领们总要发出"知己难求"的感叹。

随着年龄增长和阅历的丰富，人们逐渐去掉了一些非本质的条件，如身高、长相、学历等，当择偶条件只剩下"异性（A），性格温和（G），善良（H）"这三个主要条件时，选择的范围就扩大了。因为一个联言判断的联言肢越少，使之为真的概率越大。

[逻辑案例 4   抵押商品住房保险合同纠纷（一）]

2000 年 4 月，沈某、黄某夫妻及其女沈妮共同购买了上海市某商品房，并由沈某作为借款人向上海银行抵押贷款 30 万元，同时以被保险人身份与保险公司签订了抵押商品住房保险合同。2002 年 1 月沈某因不慎跌倒导致脑出血死亡，其妻黄某在未通知保险公司的情况下火化了尸体。随后，黄某、沈妮因向保险公司理赔遭到拒绝而起诉保险公司。被告及其委托代理人答辩称，沈某脑出血是其个人肌体自身造成的发病原因；原告提出理赔之前已将尸体火化，致使被告无法了解保险事故的真实原因，无法证明被保险人系意外死亡的责任应推定由原告承担。

逻辑分析

在上述案例中，被告保险公司拒赔的理由是，如果被保险人是意外死亡（P），则保险公司负赔付责任（R），若是其个人肌体发病造成死亡（Q），则保险公司不承担赔付责任（－R）。但是原告没有充分的证据证明被保险人是意外死亡，则保险公司可以不负赔偿责任。

前提一：被保险人或者是意外死亡或者是其个人肌体发病造成死亡（P∨Q）；

前提二：如果被保险人是意外死亡，则保险公司负赔付责任（P→R）；

前提三：若是其个人肌体发病造成死亡，则保险公司不承担赔付责任（Q→－R）；

前提四：原告擅自将尸体火化，致使被告无法了解保险事故的真实原因（不能证实非 Q）；

因此，不能通过对其个人肌体发病致死原因的排除来确认其为意外死亡（不能确认 P）。

这个推理是对选言推理结论的否定。如果一个选言前提是真的，则否定一部分选言肢可以肯定另一部分选言肢。但是如果没有足够的证据来否定一部分选言肢（Q），则不能确认另一部分选言肢（P）是真的。

保险公司的赔付是建立在"P 真"的前提下的，对于充分条件假言判断（P→R）而言，如果"P 为假"，则无论 R 真假如何，（P→R）都是成立的。

[逻辑案例 5   攻打伊拉克的理由]

据说，英美联合出兵攻打伊拉克的报告曾有个微小的改动。正是这一改动，让英美出兵的理由变得更加充分。这个改动是这样的：英国联合情报委员会在原来的关于伊拉克武器的报告中说，"萨达姆只有在伊拉克遭受攻击时才有可能启用生化武器"。专家在讨论后认为，这种提法有问题，因为如果这样表述，即使英美认为伊拉克有生化武器，也没有理由对它进行打击。于是在后来的正式报告中，上文被改成了"如果萨达姆认为他的政权遭受攻击时，他就将启用生化武器"。

逻辑分析

报告原文是一个必要条件假言判断，有之未必然，无之必不然。它断定了伊拉克即使有生化武器，在"遭受攻击"时也不一定就会使用，如果伊拉克没有"遭受攻击"就根本不会使用生化武器。如果真是这样，英美就没有理由对它进行打击了。修改后的报告中关于生化武器的陈述是一个充分条件假言判断，有之则必然，无之未必然。它断定了伊拉克如果感受到"遭受攻击"的威胁时就一定会使用生化武器，如果伊拉克没有"遭受攻击"也不一定就不使用生化武器。这样，英美就可以堂而皇之地出兵了。

[逻辑案例6　　沧州落水的铁狮子哪里去了？]

清朝年间，河北沧州县府从外地运来的大铁狮因为翻船掉到河里被水淹没了。这大铁狮用生铁铸成，重达 10 吨。铁狮落水后，官府派人在原处捞了几天也没有捞到。一个秀才说，一定是山洪暴发冲到下游去了。可人们沿下游找了 10 多千米，也没有找到。有个过路的哲人说，铁狮那么重，一定是沉到泥层深处了。可人们听信了他的话，还是没有找到。这时一个老河工告诉大家，应该到上游去找，一定可以找到。后来人们果真在离大铁狮落水处 100 多米的上游找到了落水的铁狮子。请问老河工为什么会想到到上游去找的呢？

逻辑分析

老河工的思考包含了一个选言推理：铁狮落水后不可能被人捞起，也不可能自行消失，它一定还在河水里，这就有几种可能，要么在原处（P），要么在下游（Q），要么在上游（R），既然在原处和下游都没有找到，则铁狮一定在上游。其推理形式为：

P∨Q∨R，非 P，非 Q，所以 R。

至于铁狮为什么会跑到上游去了，这另有原因。但老河工的分析使人们找到了铁狮，说明在选言推理中，穷尽选言肢是非常重要的。

根据逻辑学的分析，穷尽选言肢是选言判断为真的充分条件，一个选言判断的选言肢是穷尽的，则这个选言判断一定是真的。因为在事物的所有可能性中，必定有一种是真的。但是一个真的选言判断，其选言肢不一定是穷尽的。在日常推理中，我们并不需要穷尽所有的可能性，但是在此处，当我们用常规思维方式找不到铁狮子时，就应该想一想，还有没有其他的可能性（在上游）。尽管这种设想有悖常理，但这种逆向思维却是人们发现真理的有效途径。

[逻辑案例7   佘祥林"杀妻"冤案分析（一）]

* 1994年1月20日，佘祥林妻子张在玉失踪，张亲属怀疑其被佘杀害。

* 1994年4月11日，雁门口镇吕冲村一水塘发现一具女尸，经张在玉亲属辨认，死者与张在玉特征相符，公安机关立案侦查。

* 1994年4月28日，佘祥林因涉嫌故意杀人被捕。

* 1994年10月13日，原荆州地区中级法院一审判处佘祥林死刑，佘提出上诉。

* 1998年6月15日，京山县法院以故意杀人罪判处佘祥林有期徒刑15年。

该案的起诉书中有这样一段描述：1994年1月20日晚22时许，被告人佘祥林将妻子张在玉从床上拉起来后，引到白湾瓜棚内，关好门后，自己返回家中睡觉。次日凌晨2时许，被告人佘祥林到父母房内谎称张出走了，然后拿着手电筒和张穿的毛裤，带着张在玉行至雁门口镇的冲村九组窑凹堤堰边时，趁张不备，用石头猛击张面部，将张打倒在地后，又朝张的头部乱打一阵，直至张不再动弹为止。接着，被告人佘祥林将张拖到堰塘的东北角，丢入水中。

但是，早在1994年12月27日，也就是在佘祥林一审被判处死刑后，一直在为弟弟佘祥林鸣冤的佘锁林锲而不舍，在湖北省天门市石河乡姚岭村八组打听到了张在玉（张在玉又名张爱青，经照片辨认，村民确认是张本人）曾经出现过。并且，该村3名帮助并收留了张在玉一晚的村民为此写下了一份《关于张爱青来我村的经过》的证明。

逻辑分析

佘案的办案人员之所以作出了错误的结论，其一是与其缺乏责任心和人权意识有关，其二是因为其推理中包含着严重的逻辑错误：

（1）张在玉失踪，要么是因为被杀害，要么是因为离家出走（P，Q）。

（2）如果张被杀害，则能在其遇难地点找到其尸体（P→S）。

（3）如果这具尸体是张的，则其衣着应与张平时的穿着一致（S→R）。

（4）这具尸体的衣着与张平时的穿着一致（R）。

（5）所以，这具尸体是张的（S），张是被杀害的（P）。

在这里，办案人员是用回溯推理（充分条件假言推理的肯定后件式）得出"张被杀害"的结论的。虽然回溯推理在侦察破案过程中经常用到，但由于其结论不是必然的，所以办案人员应当本着对人民负责的精神，尽量寻找反例以减少发生冤案的可能性。特别是在姚岭村民出具"张在玉在案发后曾在此地出现过"的证明后（-P），应当尽快对此案进行重审。

[逻辑案例8　　佘祥林"杀妻"冤案分析（二）]

1994 年 4 月 11 日，京山县雁门口镇吕冲村水库发现一具无名女尸。县公安局民警赶到现场后，经过排查，认为死者为张在玉，其丈夫佘祥林有故意杀人嫌疑，遂对佘祥林进行了讯问。佘承认自己杀害了妻子张在玉，并先后交代了四种不同的作案经过。原荆州地区中级人民法院于同年 10 月 13 日作出一审判决，认定佘祥林杀害其妻，犯故意杀人罪，判处死刑，剥夺政治权利终身。

省高院刑一庭组成合议庭审理认为，该案起诉和原判决的事实不清，证据不足。提交院审判委员会讨论时，主持审判委员会讨论的副院长认为："一审法院按被告人的第四种口供认定，没有证据。"参加讨论的各审判委员会委员仔细听取汇报后，一致认为此案疑点重重。出席会议的审判委员会成员列举了本案存在的若干疑点，在各自发表的意见中详细列举了本案的矛盾及不能认定的理由，并根据疑点明确提出了不排除"死者"自行出走或随他人出走的可能性。尽管当时"民愤"很大，省高院却不为"民愤"所左右，坚决撤销一审判决，将此案发还一审法院重审，从而避免了冤杀无辜，维护了司法审判的独立性和法律的严肃性。

逻辑分析

省高院合议庭和审判委员会专家的分析如下：

（1）如果佘是杀人犯，则其交代的作案过程应当是基本一致的（P→Q）。

（2）佘四次交代的作案过程都不一致（-Q）。

（3）如果佘是杀人犯，则其必有杀人动机（P→R）。

（4）佘为人老实，与张感情尚好，不具备杀人的动机（-R）。

（5）如果佘是杀害张的凶手，则张在案发后不可能活着。（P→S）

（6）案发后，佘的母亲和哥哥在其他地方找到了张仍然活着的证据（-S）。

（7）张在玉有精神病症状，不排除自行出走或随他人出走的可能性［可能（A∨B）］。

从（P→Q）∧－Q推出－P，

从（P→R）∧－R推出－P，

从（P→S）∧－S推出－P，

从"［可能（A∨B）→－P］∧可能（A∨B）"推出"可能－P"。

（8）所以，佘可能不是杀人犯。

［逻辑案例9　阿瞒快刀斩乱麻］

曹操小名叫阿瞒，在家排行第三，从小就爱好游猎，浪荡无度，经常带着几个小混混在街上惹是生非。因此在乡人眼里，曹操就是一个败家子、坏孩子，长大了也不会有出息。而他的两个哥哥却勤奋好学，知书达理，人们都称赞他俩有公侯之相。一天，曹父把他们兄弟三人都叫到书房里，想试试自己的三个儿子哪个更有出息。曹父叫人拿来一团乱糟糟的麻团，对他们说："这就是今天的考题，你们必须在一炷香的时间内把这团乱麻理清楚。"

看着这一团乱麻，大哥哭丧着脸说："爹，我就是理三天三夜也理不完啊，何况是在一炷香时间内！"曹父气得瞪了他一眼，让他住口。又叫老二来做，老二皱着眉说："真要是理起来，恐怕我死了，也理不完。"曹父失望地摇摇头，骂道："你们都是没有用的东西，遇事不肯动脑子，就会叫苦，枉我养你们这么多年。"这时，一直没说话的曹操忽然冲出了书房，一溜烟跑得没影了。过了一会儿，曹操跑回来，手里拿着一把菜刀，不等大家回过神来，他就对着那团乱麻，"嚓嚓嚓"一连几刀，把乱麻斩成数段。曹父见了却十分惊喜："我儿真聪明，快刀斩乱麻，我曹家有望了！"

问题：曹操是如何想到快刀斩乱麻的？

逻辑分析

曹操的分析是这样的：

（1）要理直这团乱麻，要么按常规方法慢慢梳理，要么用非常规方法（P∨Q）。

（2）如果按常规方法找出线头慢慢梳理，则在一炷香工夫里肯定理不完（P→－R）。

（3）父亲要求必须在一炷香工夫里理完（R）。

（4）所以不能按常规方法找出线头慢慢梳理（－P）。

（5）所以只能用非常规方法即将乱麻斩断，就容易理直了（Q）。

[逻辑案例 10　老外选书法作品]

我们老板突然迷上了书法，没事的时候，经常提笔写上几幅，简单地装裱后挂在办公室的一面墙上，很有些孤芳自赏的味道。最近我们公司接了一宗英国业务。老板知道我的英语能对付几句，便让我当翻译。业务谈得很顺利，双方皆大欢喜。正事忙完后，老板让我问问英国人对他书法的评价。得到对方夸奖后，老板一高兴，大方地说："难得有外国朋友对书法感兴趣，请您从墙上这些书法作品中挑一幅拿走，算是我的见面礼吧！"

英国人客气一番后，开始顺着这面墙挨幅挑选，一边挑一边赞不绝口。挑了很长时间，英国人终于在某一幅字面前站定。然后他一边竖着大拇指，一边用生硬的汉语说："这幅，最好，我要了！"老总的脸立刻红了。我忙走上去解释："对不起，这幅不能给您，您选中的不是书法作品，而是打印出来的《公司员工守则》！"

问题：老板的想法为什么会出岔？

逻辑分析

这个故事的幽默点在于，老板以为老外懂书法，能在自己的作品中选中一幅。可这个老外并不懂中国书法，他只是按自己的审美观选了一幅整齐划一的"中国字"。

老板的想法是这样的：

（1）如果老外对这些作品赞不绝口，则他懂中国书法（P→Q）。

（2）这个老外对我的作品赞不绝口（P）。

（3）所以这个老外懂中国书法（Q）。

但是，这个老外实际上并不懂中国书法，他只是出于礼貌而表示赞赏。在这里，老板的推理犯了一个错误，即他的大前提是假的。前提（1）应该改为：如果老外对这些作品赞不绝口，则他或者懂中国书法（P），或者只是出于礼貌表示赞赏（R）。其结论应该是一个选言判断（P∨R）。若老板能想到这一层，就不会贸然地叫老外挑书法作品了。

[逻辑案例 11　有钱人的特征]

老 B 和小 A 闲谈时聊起有钱人的特征。

小 A 说：往城里挤的人是有钱人，往乡下跑的人没钱。老 B 说：错！很多农民往城里挤是为了打工挣钱。而往山沟里钻的人是为了旅游、休闲、花钱。只有有钱人才能花钱休闲，没钱只能打工挣钱。

小 A 说：下饭馆吃大鱼大肉的人是有钱人，吃蔬菜杂粮的人没钱。老 B 说：错！有钱的人平时吃大鱼大肉太多了，得了高血脂、高血压、高血糖、肥胖症，所以进饭馆就要吃蔬菜杂粮等绿色食品保命。没钱人平时吃不到油荤，进饭馆才想吃大鱼大肉。

逻辑分析

老 B 和小 A 争论的焦点是观察问题的视角不同。

小 A 是按常理观察，认为城市里的消费水平比农村高，在城市里生活的人比农村人花费更高。由此得出结论：如果在城市里生活比农村花费更高，则在城市里生活的人比农村人更有钱（P→Q）。但是，城市里生活花费高并不是城里人更有钱的充分条件。如同老 B 所指出的，某些人在城市里生活是因为要打工挣钱。同理，可得出农村生活成本低并不能证明往乡下跑的人无钱。小 A 按物价水平推论，认为鱼肉比蔬菜杂粮价钱贵，就断定吃大鱼大肉的人有钱，吃蔬菜杂粮的人无钱。老 B 则从健康的角度说明有钱人吃蔬菜杂粮是为了身体好。

这说明，要想做出正确的复合判断，选择观察的视角非常重要。

[逻辑案例 12　　曾子杀猪]

曾子杀猪的故事曾被人们作为教育子女的经典，其中还蕴涵着逻辑道理呢！

一天，曾子的妻子要上街，孩子闹着要跟去。曾子的妻子就哄孩子说：你在家好好念书，我回来就杀猪给你吃。妻子回家后，见曾子真的要杀猪，忙阻止道：我不过是骗骗小孩子，你还当真了。曾子正色道：小孩子是不能骗的。你今天骗了他，他以后就不会相信你了。既然你已经答应回来就杀猪给他吃，就不能食言。曾子的言行，为后辈树立了"信"，即诚信的楷模。

逻辑分析

曾子的妻子的许诺是一个充分条件假言判断：如果你在家好好念书（P），我回来就杀猪给你吃（Q）。从真值表可以看出，在前件 P 为真，即"小孩听话在家念书"的条件下，要使这一充分条件假言判断为真，即曾子妻守信用，就必须保证后件（Q）为真，即杀猪给孩子吃。如果"小孩听话在家念书"，而曾子妻又没有杀猪给他吃，则说明她给出的是一个虚假的承诺。

真值表

P	Q	P→Q
T	T	T
T	F	F
F	T	T
F	F	T

[逻辑案例13   销售部经理"裸奔"]

与曾子杀猪的故事相似，要做一个守信用的人，就必须兑现自己的承诺，哪怕是付出极高的代价！

2006年年终，某报上曾登载了一个销售部经理为兑现承诺"裸奔"的故事。说的是成都某个大公司的销售部经理在公司2005年年会上表态，说要在明年使公司的销售额增长30%。当时很多人劝他把目标定低一些，免得日后失信，可小伙子不听。为了证明自己的实力，他还当众拍胸脯说：如果明年完不成任务，我就去"裸奔"。

一年过去了，小伙子做了很多工作，付出了很大的努力，可还差20万元，没有达到目标。为了兑现承诺，他决定带着销售部的小伙子们去"裸奔"。考虑到小伙子们已经尽力了，再说在市中心"裸奔"会影响治安和交通，总经理特"恩准"他们大冬天的穿着短裤到公路上去跑了500米。

逻辑分析

同上例《曾子杀猪》一样，销售部经理的承诺是一个充分条件假言判断：如果我完不成任务（P），就去裸奔（Q）。从本章案例12的真值表可以看出，在前件P为真，即"没完成任务"为真的条件下，要使这一充分条件假言判断为真，即销售部经理守信用，就必须保证后件（Q）为真，即去裸奔，否则，他就会被公司员工看成是一个不守信用的人。

[逻辑案例14   "嫁"给希特勒]

小说《选美前后》里有这么一个有趣的情节：在比赛进入决赛时，主持人向参赛者杨小姐提出了这么一个问题："假如要你在这两个人中选一个作为终身伴侣，你会选择谁呢？这两个人一个是希特勒，一个是肖邦。"一般的人都会选择肖邦，可杨小姐却因为选择了希特勒而出奇制胜。她选择希特勒的理由是：我希望自己能感化希特勒。如果我嫁给希特勒，第二次世界大战就不会死那么多人了。

逻辑分析

显然，出题人的意图并不是考杨小姐的价值观或道德观，而是考她的智慧。杨小姐很清楚这一点，她选择了希特勒，同时通过说明理由表达了她愿意牺牲自己的幸福来制止战争、捍卫和平的高尚情操，自然博得了评委的如潮好评，使自己从众多参赛者中脱颖而出。

从逻辑上看，杨小姐选择"嫁"给希特勒没有任何实质性的风险，因为希特勒早已不存在，无论她能否改变希特勒、第二次世界大战会少死多少人，她都不必为兑现自己的承诺而发愁。因为对于充分条件假言判断来说，当前件假时，后件无论真假，充分条件假言判断都是真的（参见本章案例12的真值表）。

[逻辑案例15　变味的茶叶]

一个省城的干部曾经在 B 县 C 乡的红叶村插过队，对那儿的老房东有很深的感情。三年前他当县委书记时常去那儿坐坐，嘘寒问暖，让那户农民很感动。每次县委书记来，主人都会拿出儿子去峨眉山旅游时买的竹叶青茶款待他，书记喝了直夸香。后来书记调到了省城，有三年没来了。直到第三年的夏天，书记趁着下乡做调查的机会又到该农户家做客，主人照例是竹叶青茶款待。书记喝了茶后嘴上虽然说好，可眉头却有点皱。主人连忙解释：这茶就是你上次来喝的那包，我们自己舍不得喝，一直给你留着哩！

问题：书记喝了茶后为什么眉头有点皱，嘴上还说好？

逻辑分析

因为书记知道主人不是故意拿变了味的茶叶来款待他的。其推理过程是：主人总是拿出他们最好的东西款待他。如果他们请他喝茶（P），这个茶叶一定是他们认为的好茶叶（Q）。现在主人请他喝茶了（P），说明这个茶叶一定是他们认为的好茶叶（Q），他们并不知道茶叶已变味。对于用最好的东西招待自己的农民，说出真相会使人难堪，所以书记选择了善意的谎言。主人的解释表明，他们确实以为，茶叶无论放多久都不会变味呢。

5.2 教材练习题及其答案

[教材练习题]

一、指出下列各语句表示哪种复合判断，其真假值如何

1. 只要努力工作就能取得好成绩。

2. 本届足球赛，要么是辽宁队胜，要么是江苏队胜。

3. 如果 A 是案犯，则 A 必有作案时间。

4. 李先生和王先生今天到学校演讲。

5. 只有下过雨，地才是湿的。

6. 如果你真的爱她，就不应该让她如此痛苦。

二、请指出下列复合判断中的逻辑连接词

1. 假如某种食品含有黄曲霉，则这种食品会致癌。

2. 如果作家没有上过大学就写不出作品，那么就不会有韩寒之类的新生代作家了。

3. 小王的业务水平不高，或因其不善于总结经验，或因其不够努力。

4. 只有通过争辩，才能弄清是非。

5. 他不仅是个好医生，还是个小有名气的提琴手呢！

三、请指出下列复合判断推理是否正确，若正确，请说明理由；若不正确，请说明违反了哪条推理规则

1. 要是这个降落的球不受外力影响，它就不会改变降落方向。它改变了降落的方向，所以，它受到了外力的影响。

2. 小王学习差，或者是因为基础差，或者是因为贪玩。小王非常贪玩，所以小王的基础并不差。

3. 当且仅当一个性质判断是肯定判断时，其谓项不周延。这个性质判断的谓项不周延，所以这个性质判断是一个肯定判断。

4. 只有物美价廉的商品我母亲才会买。这个商品我母亲没有买，所以这个商品不是物美价廉的商品。

5. 没有规矩，就没有秩序。我们厂的生产有了规章制度，生产就有了秩序。

四、请根据复合判断的有关知识，在下列各题中选出正确的选项

1. 如果燃烧木头所形成的烟含有使人的细胞发生变化的毒素，则需要立法来管理使用露天暖气炉和燃烧木材的火炉。

以下哪项为真，就能为上述论述提供更多的支持？

A. 木头烟中的毒素比相同容积的汽车尾气中的毒素大很多。

B. 大多数人取暖和烹调是使用石油或天然气的。

C. 禁止露天暖气炉对改善空气质量不会有明显的有益的效果。

D. 燃煤生成的烟含有更多的毒素。

E. 在一些以木材为主要燃料的河谷地带，烟雾的集中导致了居民体质状况恶化。

2. 如果在电视广告推出的各种商品中，观众能记住其品牌名称的商品的比例越来越低，则说明电视广告的效果越来越差。

调查结果：在一段连续广告中，观众印象较深的是第一个和最后一个，而对中间的广告印象较浅。

以下哪项如果为真，最能使第二个事实成为对第一个事实的合理解释？

A. 对电视广告中的商品，观众能记住其品牌名称的还不到一半。

B. 近年来，被允许在电视节目中连续插播广告的平均时间逐渐缩短。

C. 近年来，一段连续播出的广告时间内出现的广告的平均数量逐渐增加。

D. 近年来，一段连续播出的电视广告所占用的平均时间逐渐增加。

E. 近年来，人们花在看电视上的时间逐渐缩短。

3. 许多国家首脑在出任前并没有丰富的外交经验，但这并不妨碍他们做出成功的外交决策。外交学院的教授认为，虽然丰富的外交经验对于他们做出成功的外交决策是必不可少的，但是事实上，只要一个人有了高度的政治敏锐性、准确的信息分析能力和果断的个人勇气，就能很快地学会如何做出成功的外交决策。而对于一个缺少以上三种素质的人来说，丰富的外交经验是没有用的。

如果以上论断为真，则以下哪项一定为真？

A. 外交学院的教授比出任前的国家首脑更具有外交经验。

B. 具有高度的政治敏锐性是做出成功的外交决策的必要条件。

C. 丰富的外交经验对于国家首脑做出成功的外交决策不是必要条件，也不是充分条件。

D. 丰富的外交经验对于国家首脑做出成功的外交决策是必要条件，但不是充分条件。

E. 准确的信息分析能力和果断的个人勇气是做出成功的外交决策的必要条件。

教材练习题答案

一、指出下列各语句表示哪种复合判断，其真假值如何

1. 答：这是一个假的充分条件假言判断。因为"努力工作"不是"取得好成绩"的充分条件，在现实中存在着前件真而后件假的情况，即"努力工作了，却没有能够取得好成绩"。

2. 答：这是一个假的不相容选言判断。因为存在着平局的可能，即既不是辽宁队胜，也不是江苏队胜。

3. 答：这是一个真的充分条件假言判断，"是案犯"是"有作案时间"的充分条件，在现实中不存在前件真而后件假的情况。

4. 答：这是一个联言判断。当李先生和王先生都到学校作了演讲时，这个联言判断是真的；在李先生和王先生都没来，或者其中有一个人未到学校演讲时，这个联言判断就是假的。

5. 答：这是一个假的必要条件假言判断，"下雨"不是"地湿"的必要条件，在现实中存在前件假而后件真的情况。

6. 答：这是一个真的充分条件假言判断，"真爱她"是"不让她痛苦"的充分条件，在现实中不存在前件真而后件假的情况。

二、请指出下列复合判断中的逻辑连接词

1. 答：这是一个充分条件假言判断，其连接词为"→"，
汉语表达形式为："假如……则……"。

2. 答：这是一个充分条件假言判断，其连接词为"→"，
汉语表达形式为："如果……那么……"。

3. 答：这是一个相容选言判断，其连接词为"∨"，
汉语表达形式为："或者……或者……"。

4. 答：这是一个必要条件假言判断，其连接词为"←"，
汉语表达形式为："只有……才……"。

5. 答：这是二肢的联言判断，其连接词为"∧"，
汉语表达形式为："不仅……还是……"。

三、请指出下列复合判断推理是否正确，若正确，请说明理由；若不正确，请说明违反了哪条推理规则

1. 答：这是一个正确的充分条件假言推理。它使用的推理形式是充分条件假言推理的"否定后件式"，符合充分条件假言推理的规则：否定后件，就要否定前件。

2. 答：这是一个错误的相容选言推理。它使用的推理形式是相容选言

推理的"肯定否定式",违反了相容选言推理的规则:肯定一部分选言肢,不能否定另一部分选言肢。

3. 答:这是一个正确的充分必要条件假言推理。它使用的推理形式是充分必要条件假言推理的"肯定后件式",符合充分必要条件假言推理的规则:肯定后件,就要肯定前件。

4. 答:这是一个错误的必要条件假言推理。它使用的推理形式是必要条件假言推理的"否定后件式",违反了必要条件假言推理的规则:否定后件,不能否定前件。

5. 答:这是一个错误的必要条件假言推理。它使用的推理形式是必要条件假言推理的"肯定前件式",违反了必要条件假言推理的规则:肯定前件,不能肯定后件。

四、请根据复合判断的有关知识,在下列各题中选出正确的选项

1. 答:应选择答案 E。支持型题型的特点就是要求从所给选项中选出一项来,用以支持在题干中给出的一个推理或者是论证。此题题干包含"燃烧木头所形成的烟含有使人的细胞发生变化的毒素"的论断,这一论断可以由答案 E 来说明。

2. 答:应选择答案 C。此题题干想说明的是"观众能记住其品牌名称的商品的比例越来越低"。由于一段广告时间中,第一个和最后一个广告的数量是固定的,要使第二个事实成为题干的合理解释,就必须说明夹在第一个和最后一个广告之间的"中间广告"的数量逐渐增加,导致观众能记住其品牌名称的商品的比例越来越低。

3. 答:应选择答案 D。如果"丰富的外交经验"是"做出成功的外交决策"的充分条件,就不能出现前件真而后件假的情况。但是题干说明,某些国家元首没有丰富的外交经验,也能做出成功的外交决策。如果"丰富的外交经验"是"做出成功的外交决策"的必要条件,就不能出现前件假而后件真的情况。但是题干说明,对于一个缺少以上三种素质的人来说,丰富的外交经验是没有用的。因此,"丰富的外交经验"对于"做出成功的外交决策"来说,既不是必要条件,也不是充分条件。

5.3 扩展训练题及其答案

[扩展训练题]

一、单项选择题

1. 当"P→Q"真,并且后件"Q"真时,前件"P"应当是_____。

A. 必真　　　　　　　　　B. 必假

C. 可能真，可能假　　　　D. 不可能真

2. 断定"A 并且 B"这个联言判断，即＿＿＿。

A. 断定 A 真 B 假　　　　　B. 断定 A 假 B 真

C. 断定 A 真 B 真　　　　　D. 断定 A 假 B 假

3. "有作案时间"是"张某是案犯"的＿＿＿。

A. 充分条件　　　　　　　B. 必要条件

C. 充分必要条件

D. 既不是充分条件，也不是必要条件

4. 已知选言判断"一份统计材料有错误，或是因为计算错误，或是因为原始数据错误"为真，加上＿＿＿可以推出"这份统计材料原始数据有错误"。

A. 这份统计材料计算没有错误

B. 这份统计材料计算有错误

C. 这份统计材料计算可能有错误

D. 这份统计材料计算可能没有错误

5. "努力学习"是"取得好成绩"的＿＿＿。

A. 充分条件

B. 必要条件

C. 充分必要条件

D. 既不是充分条件，也不是必要条件

6. 以"小王成绩不好，可能是方法问题，也可能是不用功"和"他用功了"进行选言推理可知＿＿＿。

A. 他的学习方法不正确　　B. 他的学习方法正确

C. 他必然不是不用功　　　D. 他不可能是不用功

7. "刚才是一场误会，或者是你说错了，或者是他听错了，他已经承认听错了，所以你没有说错"。此推理＿＿＿。

A. 符合相容选言推理规则

B. 是不相容选言推理的肯定否定式

C. 违反了不相容选言推理规则

D. 错误地运用了肯定否定式

8. "既然本案贵重财物并未遗失，可见不是谋财害命。"此推理＿＿＿。

A. 使用的是充分条件假言推理的否定后件式

B. 违反了充分条件假言推理规则

C. 违反了必要条件假言推理规则

D. 使用的是必要条件假言推理的否定后件式

9. 对于必要条件假言判断来说，当该判断为假且其前件为假时，其后件____。

A. 必假　　　　　　　　　　B. 必真

C. 可能真，可能假　　　　　D. 可能真

10. 对于不相容选言判断"要么P，要么Q"来说，当该判断为真且P为真时，Q____。

A. 必假　　　　　　　　　　B. 必真

C. 可能真，可能假　　　　　D. 可能真

二、多项选择题

1. 不懂偏要装懂，势必搞"瞎指挥"。这场演习的指挥官犯了"瞎指挥"的错误，说明他是不懂装懂。此推理____。

A. 符合必要条件假言推理规则——肯定后件就要肯定前件

B. 是充分条件假言推理的肯定后件式

C. 违反了充分条件假言推理规则——肯定后件不能肯定前件

D. 其推理形式不是一个重言式

E. 大前提是一个真的充分条件假言判断

2. "中国是一个经历了数次大革命的、政治经济发展不平衡的、半殖民地的、半封建的大国。"以此联言判断为大前提，可以推出中国是一个____。

A. 社会主义国家

B. 政治经济发展不平衡的国家

C. 半殖民地的国家

D. 半封建的大国

E. 发展中国家

3. 下列复合判断推理形式中正确的有____。

A. （P→Q）∩P→Q

B. （P→Q）∩（－P）→（－Q）

C. （P→Q）∩（－Q）→（－P）

D. （P∩Q）→P

E. （P→Q）∩Q→P

4. 以"小王成绩好是由于其学习努力"为结论，加上____能构成正确的选言推理。

A. 小王成绩好是由于其聪明

B. 小王成绩好是由于其努力

C. 小王成绩好不是由于其聪明

D. 小王成绩好不是由于其努力

E. 小王成绩好，或是由于其聪明，或是由于其努力

5. 任何纤维，要么是植物纤维，要么是动物纤维，要么是矿物纤维。该纤维燃烧后有胶臭味道，说明它是矿物纤维。所以它既不是植物纤维，也不是动物纤维。

此推理____。

A. 是相容选言推理

B. 是不相容选言推理

C. 通过肯定一部分选言肢而否定另一部分选言肢

D. 符合不相容选言推理的规则

E. 其推理形式是肯定否定式

三、判断正误并说明理由

1. 只有深入生活才能写出好作品，A 没有深入生活，所以 A 写不出好作品。

2. 如果 X 能为 6 整除，则它能为 2 整除；Y 不能为 2 整除，则 Y 不能为 6 整除。

3. 如果一个充分必要条件假言判断为真，并且其前件真，则其后件真。

4. 如果一个选言判断为真，则其选言肢均真。

5. 物体受到摩擦就会发热，此物体发热，所以此物体受到了摩擦。

6. 只有与艾滋病病人有过性或血液接触，才会感染艾滋病。小李从未与艾滋病病人有过以上两种接触，所以不会感染艾滋病。

四、分析题

1. 某年，某国一个大臣在该国首都被刺身亡。案发后，警方逮捕了一个名叫丹尼的青年，并一口咬定他是凶手，其理由是大臣是乘坐敞篷车驶进银行大厦时被刺的。据目击者说，子弹是从银行大厦三楼射出的，而丹尼当时正好在三楼。另外据法医报告，凶器是一支六点五毫米口径的意大利造卡宾枪，而在丹尼的房间里恰恰搜出了这种枪。请问警方的推理正确么？为什么？

2. 为什么说选言肢穷尽是选言前提真的充分条件，却不是其必要条件？

3. 考生："老师，我的考研分数已上了复试线，不知能否被录取？"老师："如果指标够了，应该没问题。"后来，学生未被录取，便来质问老师：

"您上次不是说过我被录取没有问题么?"老师有无失信?学生的质问有无道理?

4. 小A和小B打赌。小A说:如果你能把天上的月亮摘下来,我就把手板心当菜板,给你宰肉包饺子。请问,小A的手有没有被斩断的危险?

5. 汤姆参与作案,只有在下述情况下才有可能:或者他受到胁迫,或者他不明真相。据调查,他没有受到胁迫。根据上述线索,警方推断:如果汤姆没有受到胁迫,那么他就不可能参与作案。这个推理正确么?

6. 一个无赖长期在馆子里赖账。这一天他吃了饭没给钱又想溜走,老板一把抓住了他,他和老板抓扯起来。老板怒斥道:"吃了饭从来不给钱,这不是土匪么?"这是一个推理么?如果是,其推理形式如何表示?

五、综合题

1. 林园小区有住户家中发现了白蚁。除非小区中有住户家中发现白蚁,否则任何小区都不能免费领取高效杀蚁灵。静园小区可以免费领取高效杀蚁灵。

如果上述断定都真,则以下哪项据此不能断定真假?

Ⅰ. 林园小区有的住户家中没有发现白蚁。

Ⅱ. 林园小区能免费领取高效杀蚁灵。

Ⅲ. 静园小区的住户家中都发现了白蚁。

A. 只有Ⅰ。

B. 只有Ⅱ。

C. 只有Ⅲ。

D. 只有Ⅱ和Ⅲ。

E. Ⅰ、Ⅱ和Ⅲ。

2. "如果货币的储蓄和销售回笼额都没有增长,那么货币的入股额一定增长",以此为前提,若再增加一个前提,可以推出"货币的储蓄额事实上增长了"的结论。

以下哪项能作为该增加的前提?

A. 货币的入股额事实上增长了。

B. 货币的入股额事实上没有增长。

C. 货币的销售回笼额事实上没有增长。

D. 货币的销售回笼额和入股额事实上都没有增长。

E. 货币的销售回笼额和入股额事实上都增长了。

3. 萨尼队只有请到了罗伯特当教练并且严格管理球员,才能在这季联赛中获胜;除非这个队开出的条件特别优厚,否则,不能请到罗伯特当教练。要想获胜,该球队就必须努力培养人才。

如果上述判断为真,则以下哪项必定为真?

A. 若该队能请到罗伯特当教练并且严格管理球员,就能在这季联赛中获胜。

B. 该队请到了罗伯特当教练。

C. 若能在这季联赛中获胜,则它一定请到了罗伯特当教练并且严格管理球员。

D. 该队请到了罗伯特当教练,而且严格管理球员,仍然不能在这季联赛中获胜。

E. 若该队未能在这季联赛中获胜,则它一定没有请到罗伯特当教练。

4. 最近政府通过了一项禁止在通勤火车上销售和饮用酒精饮料的法令。在此之前,政府曾用同样方法禁止在通勤火车上吸烟,以此来保护上下班的人的健康。因为喝了酒的人在他们下车后钻进他们自己的汽车开车时,公众面临的危险与火车上被迫吸烟的乘客面临的危险至少一样大。此项论证依赖于:

A. 酒精饮料危害健康是一个事实。

B. 人们需要保护以免受他人行为的伤害。

C. 对在公共场所抽烟和喝酒做了一个指责。

D. 对通勤者表示了同情。

E. 在抽烟和喝酒的危害之间做了一个比较。

扩展训练题答案

一、单项选择题

1. A　2. C　3. B　4. A　5. B　6. A　7. D　8. A　9. B　10. A

二、多项选择题

1. B、C、D、E　　2. B、C、D　　3. A、C、D　　4. C、E

5. B、C、D、E

三、判断正误并说明理由

1. 答:正确。这是一个必要条件假言推理的否定前件式,符合必要条件假言推理的规则——否定前件,就要否定后件。

2. 答:正确。这是一个充分条件假言推理的否定后件式,符合充分条件假言推理的规则——否定后件,就要否定前件。

3. 答:正确。充分必要条件假言判断的逻辑性质是"有之则必然",有前件就有后件。

4. 答：错误。因为只要有一个选言肢为真，则选言判断就是真的。

5. 答：错误。这是一个充分条件假言推理的肯定后件式，违反了充分条件假言推理的规则——肯定后件，不能肯定前件。

6. 答：正确。这是一个必要条件假言推理的否定前件式，符合必要条件假言推理的规则——否定前件，就要否定后件。

四、分析题

1. 答：警方的推理不正确。因为出现在案发现场仅是作案的必要条件，有之未必然，即在现场的人不一定就是案犯。同理，有凶器也仅是作案的必要条件，有凶器的人也不一定就是案犯。

2. 答：当一个选言前提的选言肢是穷尽的，则这个选言前提就一定是真的，因为全部可能性中必有一种是存在的。但是，当一个选言前提是真的时，其选言肢却不一定是穷尽的。因为根据选言判断连接词的性质，无论选言肢是否穷尽，相容选言判断只要有一个选言肢为真，这个判断就是真的。不相容选言判断有并且只有一个选言肢是真的，则这个判断就是真的。

3. 答：教师并没有失信。教师给出了一个充分条件假言判断"如果指标够了，应该没问题"，当其前件"指标够了"为假时，则不论录取该生与否，都不违背承诺。因为一个充分条件假言判断，当其前件为假时，无论后件真假如何，都是真的。

4. 答：小 A 没有违反诺言的危险。因为这个赌局是一个充分条件假言判断，其前件是不可能实现的，因此，小 A 不把手心当菜板并不违反诺言。对于一个充分条件假言判断来说，其前件假，则其后件不论真假，这个充分条件假言判断总是真的。

5. 答：此推理的前提是：汤姆只有受到胁迫或者他不明真相时才参与作案 $[（P \lor Q）\leftarrow R]$，他没有受到胁迫（$-P$），结论为：汤姆不可能参与作案（$-R$）。这个必要条件假言推理的大前提的前件是一个选言判断，否定一部分选言肢，不能否定整个前件，因此不能据此否定后件 R。

6. 答：老板的话里包含了一个推理：如果吃饭不给钱，就是土匪行为，这个无赖吃饭不给钱，所以他的行为是土匪行为。这是一个省略了大前提的充分条件假言推理。其推理形式为：

$（P \rightarrow Q）\land P \rightarrow Q$

四、综合题

1. 答：应当选答案 E。因为从"林园小区有住户家中发现了白蚁"为真，推不出"林园小区有的住户家中没有发现白蚁"；从"只有小区中有住户家中发现白蚁，才能免费领取高效杀蚁灵"和"林园小区有住户家中发现了白蚁"推不出"林园小区可以免费领取高效杀蚁灵"；从"只有小区中有住户家中发现白蚁，才能免费领取高效杀蚁灵"和"静园小区可以免费领取高效杀蚁灵"只能推出"静园小区有的住户家中发现了白蚁"，而推不出"静园小区的住户家中都发现了白蚁"。

2. 答：应当选答案 D。题干是一个充分条件假言判断，若要得出"货币的储蓄额增长"的结论，必须使用联言推理的分解式，由 D 得出"货币的入股额没有增长"，再由充分条件假言推理的否定后件式，得出选言判断"货币的储蓄增长或者销售回笼额增长"，再使用联言推理的分解式，由 D 得出"销售回笼额没有增长"，通过选言推理的否定肯定式推出"货币的储蓄额增长"。

3. 答：应当选答案 C。因为从题干推不出 A 和 B，D 和 E 也不是题干所表达的意思。只有 C 与题干是等值的。即从 $P \wedge S \leftarrow Q$ 可以推出 $Q \rightarrow P \wedge S$。因为当前件是后件的必要条件时，后件就是前件的充分条件。

4. 答：应该选答案 E。因为作者指出禁止在火车上销售酒精饮料的理由是"他们给公众带来的危害至少与火车上吸烟给被迫吸烟的乘客带来的危险一样大"。这里包含着这样一个推论：如果吸烟因给被迫吸烟的乘客带来危险而需要禁止，则与之危害相当的饮用酒精饮料的行为也应该被禁止。

第6章 复合判断和复合判断推理（下）

在日常思维中，单纯地使用某一种特定的复合判断或复合判断推理的情况是很少的，我们更多的是使用假言选言判断、假言联言判断等多重复合判断来表达我们的思想。多重复合判断使我们的思维更加严谨，表达更加灵活。掌握好多重复合判断，是学好逻辑的一个关键步骤。在本章中，我们将通过大量的逻辑案例分析和习题帮助大家掌握多重复合判断和多重复合判断推理。

6.1 逻辑案例及其分析

[逻辑案例1 公路路政处罚案件案由分析]

"案由"就是成为案件的主要理由。1988年最高人民法院在《关于经济审判工作中贯彻执行〈民事诉讼法（试行）〉若干问题的意见》中指出，案由是案件的内容提要，也是案件性质的集中体现。例如，按《中华人民共和国公路法》，公路路政处罚案件的案由有以下若干种，符合其中的任何一种，便违反了《中华人民共和国公路法》第45条，依据《中华人民共和国公路法》第76条第1~3项处罚内容，可以处3万元以下的罚款（Q）。

（1）擅自占用公路案（A）；

（2）擅自挖掘公路案（B）；

（3）未经同意跨越公路架设电缆案（C）；

（4）未经同意跨越公路架设其他设施案（D）；

（5）未经同意跨越公路埋设电缆案（E）；

（6）未经同意跨越公路埋设其他设施案（F）；

（7）未按照公路工程技术标准的要求穿越公路埋设管线案（G）；

（8）未按照公路工程技术标准的要求穿越公路埋设其他设施案（H）；

（9）在公路两侧一定距离内挖砂案（I）；

……

张某私自到公路侧面取砂盖房子，被路政人员制止并处以罚款后很不服气，说：我既没有擅自占用公路，又没有挖掘公路，为什么要罚我的款？

问题：张某的观点错在哪里？

逻辑分析

各类法律条款一般都规定了各类案件的案由和处罚内容。根据《中华人民共和国公路法》，公路路政处罚的案由有 111 种，违反了其中的任何一种，都可以对违反者处以 3 万元以下的罚款。张某的行为虽然不符合第 1、2 条案由，但符合第 9 条案由"在公路两侧一定的距离内挖砂"，所以可以对其处以 3 万元以下的罚款。

这个论证过程实际上包含了一个假言选言推理，其前件是一个相容选言判断：

$$(A \lor B \lor C \lor D \lor E \lor F \lor G \cdots\cdots) \to Q$$

根据相容选言判断的性质，各选言肢中只要有一个选言肢为真，则相容选言判断就是真的。张某在公路两侧一定距离内挖砂，符合第 9 条案由，即 I 为真，则整个前件 P 为真，则 Q 真，可以对张某处以 3 万元以下的罚款。

[逻辑案例 2　　古希腊军队与波斯军队的博弈]

据说，公元前 490 年，波斯人对希腊大举用兵。在一次古希腊军队与波斯军队的遭遇战中，只有 1 万人马的希腊军队未牺牲一兵一卒便突破了波斯军队 5 万人的重围，顺利撤退。事情的经过是这样的：希腊军队与波斯军队相遇，希腊军队只有 1 万人，波斯军队则有 5 万之众。因寡不敌众，希腊军队的统帅决定撤退。在选择撤退的路线时，统帅和其他将领之间发生了激烈的争论。众将领不能理解的是，统帅为什么选择了一条绝路作为撤退路线？他们争辩说：我们只有 1 万人，而对方有 5 万人之众，显然我们不是对方的对手。在这种情况下，选择一条绝路作为撤退路线，不是死路一条么？

统帅回答：不仅你们知道这是一条绝路，我们的士兵、我们的敌人都知道这是一条绝路。正因为如此，我才选择这条路作为撤退路线。试想，我们的士兵知道这是一条绝路后，就会因为没有退路而拼死抵抗，拼死抵抗能产生以一当十的战斗力；我们的敌人知道这是一条绝路后，就会因为害怕我们的拼死抵抗而不敢贸然出击。在这种情况下，我们反退为进、反守为攻，不就可以使敌军不攻自破么？事实证明，希腊统帅的分析是完全正确的。当希腊军队背靠绝壁发起勇猛的反攻时，波斯军队不攻自破，被迫给希腊人让出了一条突围的通道。

逻辑分析

希腊统帅的分析实际上是一种博弈分析，说明了在双方都是理性人的情况下，双方的决策都会把对方的行为后果作为前提来思考。

其分析中包含了两个假言连锁推理：

（1）如果我们的士兵知道这是一条绝路（A），就会拼死抵抗（B）；

如果我们的士兵拼死抵抗（B），就能给敌人以重创（D）。

（2）如果我们的敌人知道这是一条绝路（E），就会断定我方会拼死抵抗（B）。

如果我方拼死抵抗（B），敌人就会遭受重大伤亡（D）。

（3）我军士兵知道这是一条绝路（A）。

（4）敌人也知道这是一条把对方逼向死亡的绝路（E）。

关于己方士兵决策行为的假言连锁推理形式为：

A→B，B→D，所以，A→D；

结论：如果我们的士兵知道这是一条绝路，就会给敌人以重创。

关于敌方将领决策行为的假言连锁推理形式为：

E→B，B→D，所以，（-D）→（-E）；

结论：如果不想遭受重大伤亡，就不能把对方逼向绝路。

［逻辑案例3　　火山爆发与美国粮食涨价］

1982 年 2 月，墨西哥的一座火山爆发了。美国政府的决策部门马上决定：囤积粮食，削减种植面积，促使粮食涨价。这二者之间是什么关系呢？原来，美国人经研究，认为火山爆发必然产生火山灰。大量火山灰进入大气，将遮住大量阳光，使地球气候变冷。同时尘埃在大气中形成了可使水蒸气凝结的“核”，水蒸气得以聚集，成为雨，全球降雨量就增加了。一些地区低温多雨又将引起另一些地区干旱少雨，这样就会导致世界性的粮食减产。

事情的发展正如美国人所预料的一样，1983 年世界气候恶化，农业歉收，不少国家要求从美国进口粮食，美国人达到了囤积居奇的目的，狠狠地赚了一笔。

逻辑分析

美国政府决策部门的分析是这样的：

（1）如果火山爆发，则会产生火山灰（P→Q）。

（2）如果火山灰进入大气，就会使一些地区低温多雨（Q→R）。

（3）如果一些地区低温多雨，另一些地区就会干旱少雨（R→S）。

（4）如果一些地区干旱少雨，就会导致世界性粮食减产（S→A）。

（5）如果出现世界性粮食减产，则不少国家要向美国买粮食（A→B）。

（6）如果不少国家要向美国买粮食，则美国可以提高粮食价格大赚一笔（B→C）。

这是一个假言连锁推理：

（P→Q），（Q→R），（R→S），（S→A），（A→B），（B→C），

所以，（P→C）。

结论为：如果火山爆发，则美国可以提高粮食价格大赚一笔。

[逻辑案例4 　抵押商品住房保险合同纠纷（二）]

（参见第5章案例4）在审理黄某和保险公司的合同纠纷时，法院认为，原告擅自将被保险人沈某的遗体火化，是因被告在公告承诺扩展人身保险责任后，未采取适当、有效的方法履行通知义务，致使原告无法履行相应义务所产生的过错责任应由被告承担；据此，法院依照《合同法》有关规定判决，被告在判决生效之日起十日内履行还贷保证保险责任，将被保险人《个人住房抵押借款合同》项下的借款余额人民币 277 069.16 元交付第三者——上海银行长宁支行。

逻辑分析

法院的理由是，只有当被告在公告承诺扩展人身保险责任后（P），采取适当、有效的方法履行通知义务（Q），原告未履行相应义务所产生的过错责任才应由原告承担（R）。但是被告未采取适当、有效的方法履行通知义务（－Q），所以原告擅自火化被保险人遗体的错误不应由原告承担（－R）。因此，被告不得以此为理由拒赔。

法院的判决推理是一个必要条件假言推理的否定前件式，其前件是一个联言判断：

（P∧Q←R），－Q，所以，－（P∧Q），－R

由于其前件是一个联言判断，从联言推理的分解式得出"P∧Q→Q"，再从"－Q"推出"－（P∧Q）"。"－（P∧Q）"是对前件的否定，所以，结论否定后件，得出"－R"。

[逻辑案例5 　熊掌是真的还是假的？]

某报报道，某地有一个个体餐馆因为上了一道特色菜"红烧熊掌"而顾

客盈门。有一天，有两位女士到餐馆用餐，看到"红烧熊掌"才20元一份便点了这个菜。谁知结账时老板硬让她们付2 000元才能走人。两人仔细一看菜谱才发现，老板故意将2 000元/盘的最后两个零写得很小，看起来就像是20.00元/盘。明知被骗了，可敌不过老板的软硬兼施，女顾客只好找来朋友付了账。事情发生后，顾客的一个律师朋友据理力争，为其追回了损失。

那天，律师去找店主说理。见了面，该律师劈头就问："你这熊掌是真的么？"

"当然是真的。"店主振振有词。

"那你知道熊是不允许捕杀的么？卖熊掌是违反《野生动物保护法》的。"律师给他点醒。

"唉，哪有真熊掌啊！我那是用牛蹄筋做的。"店主狡辩。

"那你知不知道这样做是违反《消费者权益保护法》的？"律师进一步追问。

店主只好低头认错，退回了多收的钱。

逻辑分析

律师在与店老板说理时使用了这样一个"二难推理"：

如果熊掌是真的（P），则违反《野生动物保护法》（R）；

如果熊掌是假的（Q），则违反《消费者权益保护法》（S）；

<u>熊掌或者是真的（P），或者是假的（Q）。</u>

所以，你或者违反《野生动物保护法》（R），或者违反《消费者权益保护法》（S）。

二重罪名取其轻，这个个体老板只得承认"熊掌"是牛蹄筋做的，甘愿受罚。

"二难推理"是由两个充分条件假言判断和一个选言判断构成的假言选言推理。由于它的结论为二难，所以又叫做"二难推理"。这种推理在说理和论证过程中经常使用。它的特点是，针对对方的弱点给出两种可能，使对方必须在两种可能中选择一种。但是，所给出的这两种可能都是对方不愿接受的，其结果是让对方陷入进退维谷、左右为难的境地。

[逻辑案例6   学费官司]

古希腊哲学家普罗泰哥拉特别能言善辩。据说，有一次他为了显示自己的辩论能力，竟和学生订下协议，许诺学生在上学时只交一半学费，剩下的等学生毕业后打赢第一场官司后再交。可是有一个学生毕业后一直不给人打官司，普罗泰哥拉收不到那一半学费，便把学生告上了法庭。普罗泰哥拉的诉讼理由是：如果学生赢了官司，按他们事前的约定，他应该付那一半学费；如果学生输了官司，按照法庭的判决，他也应该付那一半学费。总之，官司无论赢或输，学生都应付那一半学费。

这段辩词给人的感觉是强词夺理，可却显得头头是道，法官一时语塞，不知如何是好。可这个学生不愧为普罗泰哥拉的弟子，他在老师的辩词上稍加改动，就得出了相反的结论：官司无论赢或输，我都不应付那一半学费。那么学生是如何抓住了老师的那块"软肋"呢？

逻辑分析

老师在法庭上给出了下面这样一个"二难推理"：

如果你输了（P），按照判决（R），你得付我那一半学费（S）。

如果你赢了（-P），按照协议（Q），你也得付我那一半学费（S）。

你或者赢（P），或者输（-P），

总之，你都得付我那一半学费（S）。

学生的"二难推理"是这样的：

如果我输了（P），按照协议（Q），我不付你那一半学费（-S）。

如果我赢了（-P），按照判决（R），我也不付你那一半学费（-S）。

我或者赢（P），或者输（-P），

总之，我都不付你那一半学费（-S）。

老师的推理：

$P \wedge P \rightarrow S$, $-P \wedge Q \rightarrow S$

$$\frac{P \vee -P}{\text{所以,} \quad S}$$

学生的推理：

$P \wedge Q \rightarrow -S$, $-P \wedge R \rightarrow -S$

$$\frac{P \vee -P}{\text{所以,} \quad -S}$$

说明：比较这两个"二难推理"，可以看出，学生只是把老师的推理中的"按照协议"和"按照判决"调换了一下位置，便得出了相反的结论。在这里，学生抓住了老师的"软肋"——老师故意回避了一个关键条件：是按照协议还是按照判决来得出结论。由于此"二难推理"的两个前件都是联言判断，即 P 并且 Q 和 -P 并且 R，而选言判断的两个选言肢只肯定了部分前件 P 和 –P，因此，结论不能否定后件。

[逻辑案例7 机智的哈萨克小姑娘]

有一则哈萨克民间小故事：聪明的小姑娘阿格依夏和一个商人在法官面前打赌，看谁最会说谎话。谁要是承认对方说的是谎话，谁就输 1 000 块钱。商人先说了一番话，阿格依夏不承认这是谎话。轮到阿格依夏说时，她说："我的叔父是一个专门给商人带路的向导。一天，他正领着一个拥有 600 峰骆驼的商队在戈壁滩上赶路，忽然遇到一伙凶恶的强盗。强盗将商队的财产全部抢光了，最后还杀死了几个无辜的路人。昨天，我叔叔告诉我，杀死那些赶路的人的强盗头子就是你！你说说，我说的是真话还是谎话？"商人气急败坏地对法官说："她……她……她说的是谎话。"就这样，阿格依夏战胜了贪婪的商人。

逻辑分析

小姑娘阿格依夏是用复杂构成式的"二难推理"战胜贪婪的商人的。阿格依夏讲完那一段话以后，在商人的头脑中形成了这样一个推理：

如果承认小姑娘说的是真话，那就得赔偿财产，还会被判刑；

如果承认小姑娘说的是谎话，那就得输掉 1 000 块钱；

<u>或者承认小姑娘说的是真话，或者承认小姑娘说的是假话；</u>

总之，或者输掉 1 000 块钱，或者赔偿财产并且被判刑。

两害相权取其轻。于是，这位商人只好选择后者：输掉 1 000 块钱。

[逻辑案例8 不死之酒]

有一次，东方朔偷饮了汉武帝求得的据说饮了能够不死的酒，汉武帝要杀他。东方朔据理力争，说："如果这酒真能使人不死，那么你就杀不死我；如果你能杀得死我，这酒就不能使人不死，它就没有什么用处，我就被你冤杀了；这酒或者能使人不死，或者不能使人不死；所以你或者杀不死我，或者不能杀我。"汉武帝认为他说得有理，就放了他。

逻辑分析

东方朔在争辩时使用了这样一个"二难推理"：

如果这酒能使人不死（P），那你就杀不死我（Q）；

如果你能杀死我（–Q），这酒就不能使人不死（–P）；

如果这酒不能使人不死（–P），那它就是无用的（R）；

如果它是无用的（R），你就不能杀我（S）。

这酒或者能使人不死（P），或者不能使人不死（-P）；

所以你或者杀不死我（Q），或者不能杀我（S）。

与一般的"二难推理"不同，这个"二难推理"的第二个前提是在第一个前提的基础上进行假言易位推理和假言连锁推理得到的。

其形式结构是：

(1) P→Q（假言前提一）；

所以，（-Q）→（-P）（假言易位推理）；

（-P）→R，R→S，所以，（-P）→S（假言连锁推理）；

(2)（-P）→S（假言前提二）；

P∨（-P）（选言前提）；

所以，Q∨S。

[逻辑案例 9　　上帝是万能的么？]

一个虔诚的基督徒正在向路人宣讲："上帝是万能的。"

儿童发出疑问："上帝真的是万能的吗？"

基督徒回答："上帝当然是万能的。你看，这世上的一切都是上帝给予我们的。这难道不能够说明上帝是万能的吗？"儿童点点头，表示支持。

正在这时候，一个过路人接过了话头："这么说，上帝就可以创造一切东西喽？"

"恩，是的。"基督徒坚定不移地回答。

"那么，上帝可以创造出一块连他自己也举不起来的石头吗？"那个过路人又问道。

"这……"那个称上帝是万能的基督徒回答不上来了。

"那么，再请问——上帝可以创造出一根连他自己也拉不断的绳子吗？"过路人又问。

"……"过了好长时间，基督徒才开口说："那么，你……你是说，上……上帝不是万……万……"

"是的。我就是想告诉你，上帝不是万能的！"过路人高声说道："难道你到现在还认为上帝是万能的吗？现在，我问你——上帝到底是不是万能的？"

"呵呵……"基督徒顿时语塞了。

"既然如此，请你以后不要再说上帝是万能的了！"过路人严厉地说。

逻辑分析

基督徒之所以会语塞，是因路人在反驳"上帝是万能的"这个判断时使用了一个"二难推理"，让基督徒陷入了二难境地。无论他是肯定或否定上帝能否创造这样一块石头，结果都是一样的。这个推理过程是这样的：

如果上帝能创造出这样的石头（P），他就不是万能的（R）（因为有一块石头连他自己也搬不起来）；

如果上帝不能创造出这样的石头（Q），他也不是万能的（R）（因为有一块石头连他也造不出来）；

上帝或者能够创造出这样的石头（P），或者不能创造出这样的石头（Q），

总之，上帝不是万能的（R）。

其推理形式为：

P→R

Q→R

P∨Q
_____

所以，R。

[逻辑案例 10　公元前的硬币]

一个商人带着一枚硬币兴冲冲地走进了博物馆，他要求见馆长，说是发现了一枚公元前 540 年的硬币。馆长跑来，只瞟了那枚硬币一眼，便通知警方把那个商人带走了。因为他看见那枚硬币上赫然印着"公元前 540 年"。后来那个商人因为贩卖假古董而受罚。

馆长之所以能一下子就把假古钱币识别出来，是因为他的经验告诉他，这枚硬币上的印记违反了历史常识。以基督诞生为纪元标记历史年代的做法只有生活在公元后的人才知道，而生活在公元前 540 年的人是不可能知道这种纪年方法的。

逻辑分析

馆长推理的过程是这样的：

如果这枚古钱币是公元前 540 年制造的（P），则制造者是生活在公元前的人（Q）。

如果制造者是生活在公元前的人（Q），则他不知道公元纪年的做法（R）。

如果他不知道公元纪年的做法（R），钱币上就不会有公元的印记（S）。

这枚钱币上有公元的印记（－S），

所以，这枚古钱币不是公元前 540 年制造的（－P）。

[逻辑案例 11   带病投保的理赔问题]

王女士的丈夫张某前年 11 月 7 日因患肝病住院治疗。在此前后，他通过朋友向某人寿保险公司业务员谢某购买人寿保险，保险期限 20 年，保险金额 7 万元。去年 10 月，张某因肝病去世。保险公司以张某故意不履行告知义务为由，拒绝理赔。事后，王女士了解到，投保单签字日期是前年 11 月 20 日；谢某在业务员报告书中"是否见过被保险人"一栏，填了"是"，说明投保时谢某明知其丈夫张某已患病。

根据这一情况，律师认为，《保险法》第 17 条规定：在订立保险合同时，投保人故意不履行如实告知义务的，或因过失未履行如实告知义务的，保险人有权解除保险合同，不承担赔偿或给付保险金的责任，并不退还保险费。但是，投保单签订时间是在张某住院期间，谢某又见过张某。因为张某是在谢某的劝说下购买保险的，并不了解保险公司的规定，就不能认为张某是故意隐瞒事实，不履行如实告知义务。即使存在过失，也是因谢某造成的。而谢某作为保险公司业务员，他在保险业务中的行为是一种职务行为，代表了保险公司，保险公司自己的失误不应该让投保人负责。

逻辑分析

双方争论的焦点是张某是否存在"投保人故意或因过失未履行如实告知义务"。

保险公司拒赔的理由是，投保人故意不履行如实告知义务的（P），或因过失未履行如实告知义务的（Q），保险人有权解除保险合同（R）。张某在投保时故意或因过失未履行如实告知义务（Q），所以，保险人有权解除保险合同（R）。

其大前提是一个以选言判断为前件的假言判断，其推理形式为：

（P∨Q）→R，（P∨Q）真，所以，R 真。

律师的理由是，"投保人并没有故意不履行如实告知义务"（－P），并且"投保人也没有因过失而未履行如实告知义务"（－Q）。因为保险业务员谢某明知张某有肝病仍劝说其买保险，这个过失不是投保人的过失。根据真值表，可以看出，在 P 假且 Q 假的情况下，（P∨Q）是假的。充分条件假言判断前件假，后件真假不定。虽然从（P∨Q）假推不出 －R，但至少能够证明保险公司拒赔的理由是站不住脚的。

中国法院网讯：继状告××人寿保险公司要求变更格式条款，对保险公司合同解除权加以限制之后，执业律师××日前再次将××人寿保险股份有限公司北京市分公司诉至北京市朝阳区人民法院，请求法院判令被告支付惩罚性赔偿金 9 999 元。

原告诉称，原告于 2007 年 11 月 11 日到天津出差，在购买客票时，客运站多收取了 1 元钱，同时随票给付原告一张××人寿乘客意外伤害保险证即保险收费收据。原告详细阅读后发现，该凭证及收据实为保险合同。该合同约定，保险费为 1 元，意外险的保险金额为 15 000 元，意外医疗保险的保险标的金额为 3 000 元。该保险凭证及被告处没有留下原告的任何身份信息。原告认为，被告利用在运输企业的强势力量，强制性地捆绑销售乘客意外伤害保险的行为，违反了自愿原则，被告收取 1 元保险费且不留取任何乘客身份信息，具有欺诈的主观恶意，故根据《消费者权益保护法》有关规定，请求法院判令被告退还 1 元保险费和支付 9 999 元惩罚性赔偿金。

逻辑分析

原告的理由是，如果乘客意外伤害险的销售是合法的（P），则按照《保险法》的规定，保险公司应征询乘客的同意（Q），并且留取乘客的身份信息以利赔偿（R）。但是，保险公司没有征询乘客的同意（－Q），并且也没有留取乘客的任何身份信息（－R），所以保险公司销售乘客意外伤害险是非法的（－P）。

这个推理是充分条件假言推理的否定后件式，其后件是一个联言判断（Q∧P），北京律师用事实证明了"并非（Q 并且 R）"，由否定整个后件而否定前件，得出结论：乘客意外伤害险的销售是非法的（－P）。

其推理形式为：

P→Q∧R，－（Q∧R），所以，－P。

[逻辑案例 13   神圣的判决]

牧民扎西顿珠放牧归来，在措姆岗山道旁的一棵树桩下，拾到一块松茸石。那位贪财昧心、惯于欺压百姓的头人知道了，一定要扎西顿珠把松茸石给他。他的理由是："措姆岗山是我家的山，这山上的一草一木都是我家的，你在这山上捡的松茸石还能不归我？"扎西顿珠不愿意把自己拾得的宝贝给头人，两人争吵了起来。这时哲人阿古顿巴走了过去，提出了一个解决争执的方法：让他们俩人到山神那里去，请山神作出神圣的判决。两人都同意了。

于是，他们三人来到山坳间，后面还跟着许多看热闹的人。阿古顿巴摆出一副威严虔诚的姿态，要求争执双方面山而跪，并向后边的人群挥了挥手，说道："肃静！我现在开始祈问山神，请求山神作出神圣的判决。""这松茸石归牧主所有？还是应归牧民扎西顿珠所有？"问这句话时，他故意把前半句的声音压低些，而说到后半句时，又故意把嗓音提得高高的。因此，当他的问话刚一落音，山里的回音就非常清楚地传送过来，人们只听得："还是应归牧民扎西顿珠所有！"阿古顿巴一连问了三次，结果都一样。牧主在这山神的"神圣判决"面前，只得低头认输，哑口无言。

逻辑分析

哲人阿古顿巴提出这样的解决办法是基于如下推理：

只要两人愿意听从山神的判决（S），就可以使用技巧让"山神"为穷人说话（P）；

只要"山神"出面为穷人说话（P），就会让牧主慑于神的威力而却步（Q）；

只要牧主不敢违抗神命（Q），就可以帮助牧民扎西顿珠保住松茸石（R）。

这是一个假言连锁推理：S→P，P→Q，Q→R，所以，S→R。

其关键在于找到一个能让俩人都信服的权威，帮助牧民扎西顿珠保住松茸石。措姆岗山的山神是一个不错的选择。因为牧主会觉得自己家山上的神的判决一定会对自己有利，扎西顿珠则会认为阿古顿巴不会让穷人吃亏。双方都会愿意去，而且会服从判决。这样，阿古顿巴略施小计，就让牧主低头认输，哑口无言。

[逻辑案例14　信使的礼物]

一日，叱咤国信使到爪哇国来访。虽然两国相邻，但这叱咤国气候宜人，草原肥沃，牛肥羊壮，一向有吞并爪哇国的野心，对爪哇国虎视眈眈，根本不把爪哇国放在眼里。来者不善，善者不来。这次叱咤国的信使给爪哇国的国王带来了一件礼物——用大铁笼子装着的一只叫不出名字的大怪物。信使说："我们大叱咤国国王送这件礼物，无非就是想看看你们爪哇国有没有人才。如果有呢，就把这件礼物收下，并在收到简上刻出它的名字来，我们会与你们世代友好下去。如果写不出它的名字来，就证明你们爪哇国实在是没人了，趁早降服我们大叱咤国，做一个儿国王算了。我给你们十天的时间，十天之后，这里相见。"

十天之后，叱咤国信使来了，爪哇国的大臣给了他一个简，那简上刻着"收到笼中困兽，回赠虎牙一对"。信使明白，那意思是说，笼中困兽惹急眼了也是会咬人的。

逻辑分析

信使的话实际上是通过为难爪哇国的国王而下战书：如果爪哇国有人才（P），就要在收到简上刻出兽的名字（Q）；如果写不出它的名字来（－Q），就证明你们爪哇国实在是没人了（－P）；如果你们爪哇国实在是没人了（－P），则应该趁早降服我们大叱咤国（R）。

信使的话是强词夺理。他给出的前提都是假的，但他却利用假前提做了一个假言易位推理，从"爪哇国的人写不出兽的名字"推出"爪哇国实在是没人了"。再通过一个假言连锁推理，从"爪哇国实在是没人了"推出"爪哇国应该趁早降服我们大叱咤国"。

其推理形式为：

P→Q，（－Q）→（－P），（－P）→R。

对于这种强词夺理，从正面反驳会上对方的当。爪哇国臣的巧妙回答既解了国王的围，又向大叱咤国示了威。

[逻辑案例 15　机动车还是非机动车]

邓某驾驶着"嘉爵"牌电动车上路，因没有机动车驾驶执照被交警罚没。邓某认为电动车不需机动车驾驶执照，遂将交警告上法庭。法庭审判中，原告邓某驾驶的"嘉爵"牌电动车是属于机动车还是非机动车成为了本案双方争议的焦点。

法院经审理认为，根据《中华人民共和国道路交通安全法》第 119 条第（4）项规定："非机动车"是指以人力驱动的交通工具，以及虽有动力装置驱动但限制最高时速、空车质量、外形尺寸符合有关国家标准的残疾人机动轮椅车、电动自行车等交通工具。原告邓某驾驶的电动车仪表盘上的里程表显示，该车设计最高时速为 60km/h，空车重量达 50 Kg，不符合"电动自行车最高车速应不大于 20km/h，整车质量（重量）应不大于 40Kg"的技术规定。根据技术条件的解释和规定，邓某驾驶的车辆是电动摩托车，属于机动车辆。根据《道路交通安全违法行为处理程序规定》第 13 条第（1）项规定："凡机动车未悬挂机动车号牌，未放置检验合格标志、保险标志，或者未携带行驶证、机动车驾驶证的……违法行为尚未消除，可以扣留车辆"，法院驳回了原告邓某的诉讼请求。

逻辑分析

法院的判决包含着这样的推理：

如果邓某驾驶的是非机动车（P），则其最高车速应不大于 20km/h（Q），并且整车质量（重量）应不大于 40Kg（R）。

经测定，邓某驾驶的电动车最高车速大于 20km/h（－Q），整车重量大于 40Kg（－R）。

所以，邓某驾驶的是机动车（－P）。

如果邓某驾驶的是机动车（－P）并且没有机动车驾驶执照（S），则交警应该对其进行罚没处置（T）。

其推理形式为：

P→Q∧R，－Q∧－R，所以，－P；

－P∧S→T，－P∧S，所以，T。

6.2　教材练习题及其答案

[教材练习题]

一、请给出下列负命题的等值命题

1. 不能说，一个人只要上了大学，就会有好前途。

2. 并非小王或者是北京人或者是上海人。

3. 小王做了违法的事？那是不可能的。

4. 美国一些州的法律不禁止同性恋者结婚。

5. 并非 2 号队员伤病已痊愈并且恢复了竞技状态。

二、请分别用肯定式和否定式给出下列假言连锁推理的结论

1. [（P→Q）∧（Q→R）∧（R→S）]

2. [（P↔Q）∧（Q→R）∧（R→S）]

3. [（P←Q）∧（Q↔R）∧（R←S）]

4. [（P↔Q）∧（Q↔R）]

三、请根据下列叙述，构造一个"二难推理"，并说明其是否正确

某学生为自己在寝室里写不出文章做了以下辩护：寝室里有人时，他们吵得我没法写文章；寝室里没有人时，我太寂寞而头脑迟钝也写不出文章；总之，无论是寝室里有人还是没有人，我在寝室里都写不出文章。

四、请根据多重复合判断推理的有关知识，在下列各题中选出正确的

选项

1. 如今国企职工下岗、农民工进城，造成了很高的失业率，并对社会稳定构成了严重威胁。因此，我们应当加大经济发展的规模，加快经济发展的速度。只有加大经济发展的规模，加快经济发展的速度，才能提供更多的就业岗位，创造更多的就业机会，以保证社会的和谐稳定。

以上推理过程包含了下列哪些前提？

A. 只有加大经济发展的规模，加快经济发展的速度，才能提供更多的就业岗位，创造更多的就业机会。

B. 提供更多的就业岗位，创造更多的就业机会，才能保证社会的和谐与稳定。

C. 我们要保证社会稳定。

D. 判断 A 和 B 是此推理的前提。

E. 判断 A 和 B、C 都是此推理的前提。

2. 某花店只有从花农那里购得低于正常价格的花，才能以低于市场价格卖花而获利；除非该花店销售量特别大，否则，不能从花农那里购得低于市场价格的花。要想有大的销售量，该花店就要满足消费者的个性化需求或者拥有特定品种的独家销售权。

如果上述判断为真，则以下哪项必定为真？

A. 如果该花店从花农那里购得了低于正常价格的花，那么就会以低于市场价格卖花而获利。

B. 如果该花店没有以低于市场价格卖花而获利，则它一定没有从花农那里购得低于正常价格的花。

C. 该花店不仅满足消费者的个性化需求，而且拥有特定品种的独家销售权，但仍然不能以低于市场价格卖花而获利。

D. 如果该花店以低于市场价格卖花而获利，则它一定从花农那里购得了低于正常价格的花。

E. 该花店从花农那里购得了低于市场价格的花。

3. 不可能宏达公司和来鹏公司都没有中标。

以下哪项最为准确地表达了上述断定的意思？

A. 宏达公司和来鹏公司都中标了。

B. 宏达公司和来鹏公司中至少有一个中标。

C. 宏达公司和来鹏公司必然都中标。

D. 宏达公司和来鹏公司中至少有一个必然中标。

E. 宏达公司和来鹏公司中至少有一个必然不中标。

教材练习题答案

一、请给出下列负命题的等值命题

1. 答：这个负命题的等值命题为：某人上了大学，但是却没有好前途。

2. 答：这个负命题的等值命题为：小王既不是北京人也不是上海人。

3. 答：这个负命题的等值命题为：小王必然不会做违法的事。

4. 答：这个负命题的等值命题为：美国一些州的法律允许同性恋者结婚。

5. 答：这个负命题的等值命题为：2 号队员或者伤病未痊愈，或者未恢复竞技状态。

二、请分别用肯定式和否定式给出下列假言连锁推理的结论

1. 答：充分条件假言连锁推理的肯定式和否定式分别为：

$[(P{\rightarrow}Q) \land (Q{\rightarrow}R) \land (R{\rightarrow}S)] \rightarrow (P{\rightarrow}S)$

$[(P{\rightarrow}Q) \land (Q{\rightarrow}R) \land (R{\rightarrow}S)] \rightarrow (-S{\rightarrow}-P)$

2. 答：混合条件假言连锁推理的肯定式和否定式分别为：

$[(P{\leftrightarrow}Q) \land (Q{\rightarrow}R) \land (R{\rightarrow}S)] \rightarrow (P{\rightarrow}S)$

$[(P{\leftrightarrow}Q) \land (Q{\rightarrow}R) \land (R{\rightarrow}S)] \rightarrow (-S{\rightarrow}-P)$

3. 答：混合条件假言连锁推理的肯定式和否定式分别为：

$[(P{\leftarrow}Q) \land (Q{\leftrightarrow}R) \land (R{\leftarrow}S)] \rightarrow (S{\rightarrow}P)$

$[(P{\leftarrow}Q) \land (Q{\leftrightarrow}R) \land (R{\leftarrow}S)] \rightarrow (-P{\rightarrow}-S)$

4. 答：充分必要条件假言连锁推理的肯定式和否定式分别为：

$[(P{\leftrightarrow}Q) \land (Q{\leftrightarrow}R)] \rightarrow (P{\leftrightarrow}R)$

$[(P{\leftrightarrow}Q) \land (Q{\leftrightarrow}R)] \rightarrow (R{\leftrightarrow}P)$

$[(P{\leftrightarrow}Q) \land (Q{\leftrightarrow}R)] \rightarrow (-P{\leftrightarrow}-R)$

$[(P{\leftrightarrow}Q) \land (Q{\leftrightarrow}R)] \rightarrow (-R{\leftrightarrow}-P)$

三、请根据下列叙述，构造一个"二难推理"，并说明其是否正确

答：这是一个错误的"二难推理"，其错误在于违反了"二难推理"的规则，其两个假言前提的前件不是其后件的充分条件，因此，推不出结论。

四、请根据多重复合判断推理的有关知识，在下列各题中选出正确的选项

1. 答：应选择答案 E。因为从前提"只有加大经济发展的规模，加快经济发展的速度（P），才能创造更多的就业机会（Q）"、"只有提供更多的就业岗位，创造更多的就业机会（Q），才能保证社会的和谐与稳定（R）"以及"我们保证社会的和谐与稳定（R）"，根据必要条件假言连锁推理的

肯定后件式，可以肯定第一个前件"要加大经济发展的规模，加快经济发展的速度"。

2. 答：应选择答案 D。此题题干中有一句话：某花店只有从花农那里购得低于正常价格的花，才能以低于市场价格卖花而获利（－P→－Q）。通过假言易位推理，可以得出结论：如果该花店以低于市场价格卖花而获利，则它一定从花农那里购得了低于正常价格的花，即（Q→P）。

3. 答：应选择答案 D。此题题干是一个负命题：不可能（－P∧－Q），这个负命题等值于"必然非（－P∧－Q）"，又因为"非（－P∧－Q）"等值于"（P∨Q）"，所以，结论应该是"必然（P∨Q）"，即"宏达公司和来鹏公司中至少有一个必然中标"。

6.3 扩展训练题及其答案

[扩展训练题]

一、单项选择题

1. 当"P→Q"真，"Q↔R"真，并且后件 R 假时，前件"P"应当是____。

A. 必真　　　　　　　　　　B. 必假

C. 可能真，可能假　　　　　D. 不可能真

2. 断定"并非 A 并且 B"这个联言判断的负判断，即断定____。

A. A 真 B 假　　　　　　　　B. A 假 B 真

C. A 真或者 B 真　　　　　　D. A 假或者 B 假

3. 如果一个三段论的两个前提都是真的，结论却是假的，这说明此三段论____。

A. 前提是结论的充分条件

B. 前提只是结论的必要条件

C. 前提是结论的充分必要条件

D. 前提不是结论的充分条件

4. 已知负命题"并非这份统计材料的计算和原始数据都有错误"为真，可以推出____。

A. 这份统计材料的计算没有错误

B. 这份统计材料的计算和原始数据都没有错误

C. 这份统计材料，或者计算没有错误，或者原始数据没有错误

D. 这份统计材料的原始数据没有错误

5. 在负命题"并非 SAP"为真时，____为假。

A. 并非 SOP   B. SIP

C. SEP   D. SOP

6. 从"如果小王去北京，他一定会乘飞机或者火车去"和"他去了北京"可知____。

A. 他乘了飞机   B. 他乘了火车

C. 他乘了飞机或者火车   D. 他不乘飞机或者火车

7. 从"线段 AB 平行于线段 CD，线段 CD 与线段 FG 的同位角相等"，加上前提____可以推出"如果线段 AB 平行于线段 CD，则平行于线段 FG"。

A. 如果同位角相等，两直线平行

B. 如果两直线平行，同位角相等

C. 线段 AB 平行于线段 CD

D. 线段 CD 平行于线段 AB

8. 从"如果 A 并且 B，则 C"，加上前提____可以推出 C。

A. A 真或者 B 真   B. A 真并且 B 真

C. 仅仅是 A 真   D. 仅仅是 B 真

9. 从"如果 A 或者 B，则 C"，加上前提____可以推出非 A。

A. A 真或者 B 真   B. 非 C

C. 非 B   D. C 真

10. 以"只有 A，才 B"和"如果 A，则 C"进行假言连锁推理可以推出____。

A. 非 B 则非 A   B. 非 A 则非 C

C. C 则非 A   D. 非 C 则非 B

二、多项选择题

1. 从"如果不遇到火灾（P），今年的产量会翻番（Q）"可以推出____。

A. 如果遇到火灾，今年的产量就不会翻番

B. 只要今年的产量翻番，则没遇到火灾

C. 要想今年的产量翻番，就不能遇到火灾

D. 如果今年的产量没有翻番，则说明遇到了火灾

E. 只有今年的产量翻番，才能证明没遇到火灾

2. 从 P↔Q 和 Q←R 可以推出____。

A. P→Q

B. P←R

C. Q←P

D. P↔R

E. – P↔ – Q

3. 下列各式属于重言式的有____。

A. （P∨Q）→Q

B. （P→Q）∩（ – P）→（ – Q）

C. （P→Q）∩（ – Q）→（ – P）

D. （P∩Q）→P

E. （P→Q）∩Q→P

4. 一旦一个人有犯罪行为，社会就会对他进行处罚。社会对其进行处罚的手段有政治手段、法律手段和经济手段等。S受到了经济处罚，说明他有犯罪行为。此推理____。

A. 是一个假言连锁推理

B. 其一个前提的后件是选言判断

C. 采用的是肯定后件式推理

D. 违反了充分条件假言推理规则

E. 违反了选言推理规则

5. 主流经济理论认为，如果制造商要打开市场，就必须根据消费者的愿望来制定生产计划，而如果要满足消费者的需求，就必须进行市场调查。根据以上前提，可以得出结论____。

A. 只要进行市场调查，就能打开市场

B. 只要制造商打开了市场，则他一定进行过市场调查

C. 如果没有打开市场，说明其没有进行过市场调查

D. 如果不进行市场调查，就不能打开市场

E. 只有满足消费者需求，才能打开市场

三、判断正误并说明理由

1. 当且仅当A出场时，C才出场；如果C出场，D一定陪同。所以当A出场时，你一定能看见D在场。

2. 如果P并且Q成立，则R成立。所以，当P成立时则R成立。

3. 从"所有的天鹅都是白的"和"这只黑鸟是天鹅"得出错误的结论"这只黑鸟是白的"，说明这个三段论的两个前提中至少有一个是假的。

4. 对于"如果P，那么Q"来说，其逆命题和逆否命题都成立。

5. 如果我不卖这篮鸡蛋，就会孵出100只小鸡；如果能孵出100只小鸡，我就会把小鸡养大；如果把小鸡养大，我就能赚很多钱。所以还是不

卖蛋为好。

6. 只有与艾滋病病人有过性或血液接触的人,才会感染艾滋病毒。只有感染艾滋病毒的人才会血液检测呈阳性。小李从未与艾滋病病人有过以上两种接触,所以其血液检测不可能呈阳性。

四、分析题

1. 请用真值表方法判定 [(p←q)∧q]→p 是否重言式?

(答:_____ 重言式。)

2. 请用真值表方法判定下列命题是否等值命题?

(1) 又要马儿跑,又要马儿不吃草,哪有这种好事!

(2) 或者马儿吃饱草,或者马儿不能跑。

(3) 只有让马儿吃饱草,马儿才能跑。

3. 死者或者是自杀,或者是他杀。如果是自杀,则有自杀的动机;如果是他杀,则一定有凶手。因此,如果我们没有发现他有任何自杀的动机,则我们的侦察方向就应当转向追查凶手。警方的这番推理正确么?

4. 并非甲队和乙队都获得了出线权,因此可以断定,甲队没有获得出线权。

5. 请勿在剧场内吸烟、随地吐痰、乱扔杂物,违者罚款。因此,如果你在场内吸烟,是会受到罚款的。

6. 并非菲利浦公司是美国的或者德国的企业,因此,菲利浦公司既不是美国的企业,也不是德国的企业。

五、综合题

1. 一个心理健康的人必须保持自尊。一个人只有受到自己所尊敬的人的尊敬,才能保持自尊。而一个用追星的方式来表达自己尊敬情感的人,不可能受到自己所尊敬的人的尊敬。

以下哪项结论可以从题干的断定中推出?

A. 一个心理健康的人,不可能用追星的方式来表达自己的尊敬情感。

B. 一个心理健康的人，不可能接受用追星的方式来表达的对自己的尊敬。

C. 一个人如果受到了他所尊敬的人的尊敬，他一定是个心理健康的人。

D. 没有一个保持自尊的人，会尊敬用追星的方式来表达自己的尊敬情感的人。

E. 一个用追星的方式来表达自己的尊敬情感的人，完全可以同时保持自尊。

2. 刷牙能降低牙齿腐烂的可能性。通过刷牙可以去除牙菌斑以减少牙齿腐烂。因此科学家们认为，你可以不必买加氟牙膏，只需认真刷牙就可以了。下面哪一项是对上面论述推理的一个批评？

A. 用加氟牙膏可以降低牙齿腐烂。

B. 刷牙能降低牙齿腐烂的可能性并不能说明加氟牙膏无用。

C. 几乎没有人能通过刷牙充分地消除牙菌斑。

D. 绝大多数时间里人们的牙齿上都有牙菌斑。

E. 科学家关于氟的说法是错误的。

3. 在西西里的一处墓穴中，发现了一只陶瓷花瓶。考古学家证实这只花瓶原产自希腊。墓穴主人生活在 2 700 年前，是当时的一个统治者。因此，这说明在 2 700 年前，西西里和希腊已有贸易。上述推理还需加上以下哪项前提才能得出"2 700 年前西西里和希腊已有贸易"的结论？

A. 当时西西里匠人的水平不及希腊人的水平。

B. 当时用来制造陶瓷的材料，西西里产的与希腊的不一样。

C. 如果这只花瓶不是墓穴主人的后代放进去的话。

D. 墓穴主人活着时就有大批船队来往于西西里和希腊。

E. 考古学家的说法是错误的。

4. 张教授的身体状况恐怕不适于再担任校长助理的职务。因为近一年来，只要张教授给校长写信，内容就只有一个，就是请假，说自己身体不舒服。以下哪些论述为真，才能使上述结论成立？

Ⅰ. 要胜任校长助理一职，必须有良好的身体。

Ⅱ. 张教授给校长的信的内容都是真实的。

Ⅲ. 近一年来，张教授经常给校长写信。

A. 只有Ⅰ真。

B. 只有Ⅱ真。

C. 只有Ⅲ真。

D. 只有Ⅰ和Ⅲ真。

E. Ⅰ、Ⅱ和Ⅲ都真。

扩展训练题答案

一、单项选择题

1. B 2. D 3. D 4. C 5. A 6. C 7. A 8. B 9. B 10. D

二、多项选择题

1. D、E   2. A、B、C、E   3. C、D   4. A、B、C、D

5. B、D、E

三、判断正误并说明理由

1. 答：正确。这是一个混合条件假言连锁推理的肯定前件式，结论的前件肯定第一个假言判断的前件，其后件肯定最后一个假言判断的后件，符合充分必要条件和充分条件假言推理的规则——肯定前件就要肯定后件。

2. 答：错误。这是一个多重复合判断推理，其假言前提的前件是一个联言判断。由于其结论的前件肯定了一部分联言肢，但没有肯定全部前件，因此，结论的后件不能肯定其后件。

3. 答：正确。根据反三段论可以确定，如果一个三段论的推理形式是正确的，并且有一个前提是真的（这只黑鸟是天鹅），结论却是假的（这只黑鸟是白色的），则可以判断其另一个前提是假的（所有的天鹅都是白的）。

4. 答：错误。题干断定的是一个联言判断，其中只有一联言肢是真，即其逆判断"非 Q 则非 P"成立；由于充分条件假言判断的逻辑性质是"无之未必然"，因此其否命题"非 P 则非 Q"不成立。联言肢有一个假，则联言判断假。

5. 答：错误。这是一个充分条件假言连锁推理，但其前提是假的，前件不是后件的充分条件，所以，得不出结论"如果不卖这篮鸡蛋就会赚很多钱"。

6. 答：正确。这是一个必要条件假言连锁推理的否定前件式，符合必要条件假言推理的规则——否定前件，就要否定后件。

四、分析题

1. 答：通过真值表判定，此式是重言式。

p	q	(p←q)	(p←q) ∧q	[（p←q）∧q] → p
T	T	T	T	T
T	F	T	F	T
F	T	F	F	T
F	F	T	F	T

2. 答：设"要马儿跑"为P，"要马儿不吃草"为Q，命题A、B、C是完全等值的。

					命题A	命题B	命题C
P	Q	-P	-Q	P∧Q	-(p∧q)	(-Q∨-P)	(-Q←P)
T	T	F	F	T	F	F	F
T	F	F	T	F	T	T	T
F	T	T	F	F	T	T	T
F	F	T	T	F	T	T	T

3. 答：这是一个选言假言推理。其前提为P∨Q，P→R，Q→S，结论为-R→-P；根据选言推理规则，"-P→Q"加上前提"Q→S"，可以推出"-P→S"。

4. 答：这是一个联言判断的负命题的等值推理。一个联言判断假，只能断定其中至少有一个联言肢为假，却不能确定究竟是哪个联言肢为假，所以不能推出甲队没有获得出线权。

5. 答：这是一个多重复合判断推理。从"如果在场内吸烟、随地吐痰、乱扔杂物，则会受到罚款"（P∨Q∨R→A）和"在场内吸烟"可推出"如果你在场内吸烟，是会受到罚款的"（P→A）。因为当选言肢有一个为真时，前件为真，前件真则后件真，所以可以从P真推出A真。

6. 答：这是一个选言判断的负命题。根据真值表可以得知，当一个相容选言判断为假时，其所有的选言肢都是假的。因此，可以从"A或B"假推出A假并且B假。

五、综合题

1. 答：应该选答案A。因为C、D、E不能从题干推出，B未提及，从"一个用追星方式来表达自己尊敬情感的人，不可能受到自己所尊敬的人的尊敬"和"一个人只有受到自己所尊敬的人的尊敬，才能保持自尊"可以推出"一个用追星方式来表达自己尊敬情感的人不能保持自尊"，从"一个心理健康的人必须保持自尊"可以推出"他不可能用追星的方式来表达自己的尊敬情感"。

2. 答：应该选答案B。题干给出了一个前提：如果认真刷牙或者使用含氟牙膏，都能减少蛀牙。由此可以推出刷牙能减少蛀牙，使用含氟牙膏也能减少蛀牙。可是其结论却是"只需认真刷牙，不需购买含氟牙膏就能防止蛀牙"。只有答案 B 根据其前提对这一结论进行了反驳。

3. 答：应该选答案 C。题干给出了一系列前提：这只花瓶或者是墓主人生前拥有的，或者是其后人后来放进去的。如果这只花瓶是墓主人生前拥有的，则它是 2 700 年前的，如果它是 2 700 年前的，并且被证实是希腊产的，则 2 700 年前希腊和西西里就有贸易往来。我们必须否定它是后人放进去的，才能得出 2 700 年前希腊和西西里之间有贸易往来的结论。

4. 答：应该选答案 E。题干给出了一个结论：张教授的身体不宜担当校长助理。要使这一结论成立，则有以下推理：如果要胜任校长助理职务，则必须有良好的身体；如果张教授经常给校长写信说自己身体不舒服，并且其信的内容都是真实的，则说明他身体不好。身体不好则不宜担当校长助理职务。

第7章 归纳推理

归纳推理是一种或然性推理。它指的是以个别知识作为前提推出一般性知识作为结论的推理。除完全归纳推理以外，归纳推理结论的断定超出了前提的断定范围，结论和前提间只具有或然性的关系。在社会生活中，归纳推理的应用非常普遍。通过案例分析和习题，可加深我们对归纳推理的理解和掌握。

7.1 逻辑案例及其分析

[逻辑案例1   上帝的判决]

有一次，美国财政部长贝克先生说了一个笑话。贝克说，他昨天晚上做了一个梦，梦见三个最有权势的美国人——总统里根、众议院议长奥尼尔、联邦储备局长沃尔克，突然先后去世，灵魂都到了上帝那里，听候最后的审判。于是，天使宣布，让总统去一号房间，里根先生进去一看，房间里有只大猩猩。天使宣布上帝的判决说："里根先生，你有罪孽，罚你永远与这只猩猩住在一起。"接着命令众议院议长到二号房间。奥尼尔在那里发现了一条疯狗。天使再宣布上帝的判决："奥尼尔先生，你有罪孽，罚你永远同这只疯狗住在一起。"最后，命令联邦储备局长到三号房间。沃尔克进去一看，惊喜交加，原来他发现里面不是什么毒蛇猛兽，而是美丽绝伦的女明星戴丽克。天使再宣布上帝的判决："戴丽克小姐，你有罪孽，罚你永远同沃尔克住在一起！"

逻辑分析

在以上案例中，里根和奥尼尔先后进入1号房间和2号房间，并且都要与可怕的动物永远呆在一起。我们自然地会通过推理而认为沃尔克也要和动物永远呆在一起。这里我们使用的推理方法就是归纳推理。结果却非如此，这表明了归纳推理结论的或然性。当然，结果更加出人意料，沃尔克与前两个房间的猩猩、疯狗成了一类动物，显然他的罪孽要比里根和奥尼尔大得多。

111

[逻辑案例2　　贝蒂荣法则]

1879 年，在巴黎警察厅抄写卡片的贝蒂荣厌倦了自己的工作，他产生了放弃现有工作进行人体测量的念头。他开始测量登记在案的一些囚犯的身体的部分部位，并记录下来。资料积累到一定的程度后，贝蒂荣按照自己的想法对资料进行了分析和归类，并运用到囚犯识别上。1883 年 2 月，贝蒂荣运用自己的人体测定法则成功地识别出一名囚犯的前科身份从而成为人体测定法成功运用的开始。1884 年，一年之内他鉴别了 300 名有前科的罪犯，而且也没有遇到两个人人体测量资料完全相同的情况。于是法国人认为以测量人体某些不变部位的骨骼为基础的贝蒂荣法则是 19 世纪警务中最伟大的发明，这个发明不仅使法国而且使全世界的辨真工作不再出错。贝蒂荣法则在历史上曾经风靡一时。岂料在后来的一次鉴别中，贝蒂荣却发现了两名人体测量数据完全一样的囚犯，贝蒂荣法则失败了。

问题：利用人体测量数据识别囚犯的贝蒂荣法则是运用何种推理得出的？怎样看待贝蒂荣法则的失败？

逻辑分析

我们知道，归纳逻辑是一种从个别性前提得出一般性结论的推理。归纳推理分为两种，一种是发现一类对象中的部分对象都具有某种属性，而且没有发现相反的情况，从而得出所有这类对象都具有这种属性，这是不完全归纳推理，它没有对该类对象的全部个体进行考察而得出了某种结论。另一种是完全归纳推理，它是指对某类对象的全部个体进行了考察，发现该类中每个对象均具有某种属性，从而得出该类对象具有某种属性的结论。

本案中利用人体测量数据识别囚犯的贝蒂荣法则是运用不完全归纳推理获得的。其推理形式是：

对第一个犯人的辨真，贝蒂荣法则是有效的，

对第二个犯人的辨真，贝蒂荣法则是有效的，

……

对第 N 个犯人的辨真，贝蒂荣法则是有效的，

N 个犯人是所有犯人中的一部分。

没有发现贝蒂荣法则对犯人辨真无效，

所以，对所有犯人的辨真，贝蒂荣法则均是有效的。

对于获得的上述结论应该如何看待呢？

不完全归纳推理的前提和结论间不具有必然性关系，而是或然性的，也就是说，前提真不能保证结论必然真。这是因为，人类受主观和客观条

件的限制，所考察的对象是数量有限的，不可能是无限的，而且单凭观察所获得的经验是不能证明事物的必然性的。贝蒂荣法则在一次偶然的测量中失效，这一点正好证明了卡尔·波普尔的观点：有限不能证明无限，现在不能证明将来。

正因为归纳推理的结论是或然的，而归纳推理结论的可靠性又与观察事物的数量、范围以及对于观察对象的分析程度有着直接的关系，所以，一般来说，观察事例的数量愈多、范围愈大、对于观察对象的分析愈深入，归纳推理结论就愈可靠，尤其要注意是否有反面的事例。

[逻辑案例3 都划得着]

从前，有一个吝啬的财主叫伙计去帮他买一盒火柴，并且一再叮嘱每一根都要划得着，有一根划不着也不要。伙计遵照财主的嘱咐把火柴买了回来。财主拿过来一连擦了几根，都擦不出一点火来。于是，他生气地问伙计："我不是说让你买每一根都能划得着的吗？"伙计说："是啊，刚才我买的时候，我把每一根都划过了，都能划得着的啊！"财主一听，气得七窍生烟，说不出话来。

逻辑分析

在以上案例中，财主的要求很苛刻，要求每一根火柴都能划得着。伙计没有办法，只好在买的时候一根一根地检验。要求每一根火柴都能够划得着，从逻辑上讲，只能用完全归纳推理。不一根一根检验，怎么能够知道每一根都划得着呢？

德国数学家卡尔·弗里德里斯·高斯10岁那年，在小学上算术课时，老师给班里几十个孩子出了一道算术题，要孩子们计算一下：$1 + 2 + 3 + 4\cdots\cdots + 97 + 98 + 99 + 100 = ?$ 老师心里想，要加的数目这么多，可得费些工夫呀！而且稍不留神，就会算错。可是出乎意料的是，老师刚把题目说完，小高斯就举起了手，报出了答案：5050。老师非常吃惊，忙问小高斯是怎么算出来的。

小高斯说，他发现这100个数有一个特点，就是依次把头尾两个数加起来都等于101，而这样的数刚好有50对，因此，这100个数的总和就是$101 \times 50 = 5\,050$。

高斯运用的也是完全归纳推理。完全归纳推理的特点是：前提中考察了该类事物的每一个对象，它的结论是必然的。正由于如此，完全归纳推理是一种重要的论证方式，它可以帮助我们认识事物，解决矛盾。

[逻辑案例 4 　　对水星运动的解释]

在天体力学史上，海王星的发现成为了万有引力定律的一次凯旋，也成为了归纳法的一大胜利，因而成为科学史上一段佳话。可是后来，当天文学家们发现水星运动的异常，再用相同的归纳法去解释的时候，它却不中用了。为了解释水星的运动现象，还是勒维烈，仍用归纳法，推断出有一颗未知行星的存在，甚至给它起了名字，害得许多天文学家在近50年里孜孜不倦地寻找这颗"新星"。结果，这颗新星并不存在。直到爱因斯坦建立相对论后才弄清楚，水星运动的异常根本不是万有引力造成的，而是一种相对论效应。

逻辑分析

以上案例中勒维烈所用的归纳法是"穆勒五法"中的剩余法。"穆勒五法"是以比较对象的同异为基础的。这种被比较的同一和差异，也可能仅仅是表面现象的同一和差异。如果属于前一种情况，结论就未必是正确的了。勒维烈应用归纳法正确地预测了海王星的存在，说明他当时发现的天王星的异常与万有引力之间确实存在着本质的联系。而水星的运动异常与万有引力并无内在联系，是非本质差异。故，同样是勒维烈，用同样的归纳法，要解决的是同一类的问题，前者成功了，后者却失败了，这就暴露了归纳法的局限性。

[逻辑案例 5 　　张举烧猪断案]

在宋朝时，有一部著名的法医著作——郑克著的《折狱龟鉴》。全书分为八卷，记叙了释冤、辩诬、察奸、证慝、迹盗等项，记载了许多破案的科学方法。其中，有一个"烧猪验尸"的故事：

浙江省句章县有一户人家发生了火灾，丈夫被烧死，妻子哭得死去活来。死者之弟怀疑有冤情，遂告到县衙。句章县的县令张举看了死者的尸体，特别是仔细地检查了死者的口腔，见里面干干净净，便断定是妻子谋杀丈夫。那妇人不服，说是房子偶然失火以致丈夫被烧死。她号啕大哭，说自己家破人亡，县令还要乱加罪名。她的亲戚也为她抱不平。县令张举把众人请来，当场做了一个"烧猪验尸"的表演。令人把一头猪杀死，把另一头活猪用绳子捆好四脚。然后把两头猪扔进柴堆，点燃木柴。等大火熄灭后，张举请众人察看两头猪，只见那被杀死的猪口中干干净净，而那被烧死的猪张着嘴巴，口中有许多烟灰。县令张举对那妇人说："凡是在大火中被烧死的人，势必在火中挣扎，口中要吸进许多烟灰。而你的丈夫口中那么干净，说明他是先被人杀死，然后房屋才着火的。由此可以清楚地断定，你的丈夫是被谋杀而死的。"那妇人听了，脸色发白，双腿发抖，不得不招出了谋杀丈夫的罪行……

逻辑分析

在以上案例中，张举为了断案，用到了多种推理形式。张举利用烧猪实验探明死因，则使用了求异法进行推理。

先行情况	被研究现象
猪先不杀而直接烧死	口腔内留下大量烟灰
猪先杀死再火烧	口腔内未留下大量烟灰

所以，先不杀而烧死是口腔内留下大量烟灰的原因。

[逻辑案例6　　师兄弟剥花生]

老师傅为了测验两个徒弟哪一个更聪明，就对他们说："给你们俩每人一箩筐花生去剥皮，看每粒花生仁是不是都有粉衣包着?"

大徒弟听完，赶紧搬筐回家，连饭也顾不上吃，急忙剥起来。二徒弟却不慌不忙地搬着箩筐走回去，边走边想，然后把三个仁的、两个仁的、一个仁的分别拣了八粒，总共不过一把，把几种不同类型的花生剥开了，发现它们无一例外地都有粉衣包着。大徒弟从早剥到晚，才把一箩筐花生剥完，就急忙到师傅那里去报告。到那一看，师弟已在那里了。

师傅见两个徒弟都来了，便说："二徒弟先到，就先回答问题吧?"二徒弟说道："我剥了几粒花生，就知道所有花生仁都有粉衣包着了。"大徒弟这才恍然大悟地说："师弟比我聪明。"

逻辑分析

在以上案例中，大徒弟用的是完全归纳推理，结论虽然具有必然性，但办法比较笨；二徒弟只剥了有代表性的一部分花生就得出了结论，运用的是不完全归纳推理。不完全归纳推理是根据某类事物的部分对象都具有某种属性而推出该类事物具有某种属性的推理。

[逻辑案例7　　射手更羸]

战国时期，有一名神射手，他的名字叫更羸。有一天，他陪同魏王在后花园一个高台上喝酒。他们看见一只大雁从远处徐徐飞来。魏王对更羸说："听说你的箭法很高明，你能一箭就把这只大雁射下来吗?"更羸回答说："启禀大王：我根本不用箭，只需空拉弓弦，就能把那只大雁射下来。"

魏王说："先生别开玩笑了，一个人的射技怎么会达到如此高超的地步呢?"
更赢说："大王如果不信，我可以马上表演给您看。"说话间，大雁已经飞到头顶，只见更赢拉满弓，对魏王说："大王请看!"随后只听弓弦"噎"的一声响，再看那只大雁，在空中扑腾了几下，便一头栽落下来。魏王惊奇得简直不敢相信自己的眼睛，叫道："先生真是神人啊! 射技竟然达到如此高超的水平!"更赢放下弓说："我不是什么神人，只是懂得一些道理就是了。"魏王问："什么道理? 快给寡人讲讲。"

更赢说："我看见这只大雁飞得很慢，而且叫声悲哀。据我多年的经验可知，飞得慢，是由于它体内有严重的创伤;叫声惨，是由于它长久离群而且伤处疼痛。这只伤处疼痛而惊魂未定的大雁，当它听到我这里弓弦一响，就必然奋起高飞。但由于用力过猛，就会使伤口进裂，所以就跌落下来。"

魏王听后说道："先生真是神机妙算啊!"

逻辑分析

以上案例中，更赢只拉弓而不发箭，就把大雁射落下来，用的是科学归纳推理。所谓科学归纳推理，就是选择一类对象中部分比较典型的对象加以考察，并进一步考察这些对象存在某种属性的客观原因，然后得出一般性的结论。更赢在多次实践的基础上，不但知道那些飞得慢、叫声惨的大雁听到弓弦一响就会跌落下来，而且知道弓响雁落的原因，即受伤的大雁听到弓响后奋起高飞，因用力过猛，致使伤口进裂而跌落下来。所以这是科学归纳推理。

[逻辑案例 8   炮瞄雷达受干扰]

1942 年 2 月的一天上午，德国空军飞临英国城市上空，英国高炮部队立即开火，击落了一架又一架德国飞机。但是在战斗过程中，指挥部经常接到许多炮连的报告:炮瞄雷达经常突然受到干扰，影响了战斗。战斗结束后，指挥部对此进行了认真分析，有人提出:"是不是德国使用了某种反雷达的新式武器?"问题反映到统帅部，丘吉尔下令调查此事。英国情报部门通过各种手段，摸清了情况:德国根本没有使用什么新式武器。那么，干扰炮瞄雷达的原因是什么呢? 统帅部把这个问题交给了科学家们。

科学家们分头到各个部队去了解情况。在伦敦，科学家问炮瞄雷达的操纵员:"在什么情况下，雷达会受到干扰?"战士们回答说:"当敌机从太阳底下钻出来时，雷达就受到干扰。"在考文垂，指挥官们反映:"敌机一旦接近太阳，我们的雷达就瞎了眼。"……经过多次调查研究，科学家发现，尽管各个部队所处的环境不同、使用的雷达型号不一、训练的水平不同、操作的时间不同，但是有一点却是相同的，这就是每当炮瞄雷达对准太阳时，就会受到同样的干扰。于是科学家们得出结论：炮瞄雷达所受的干扰来自于太阳，太阳也会发射无线电波。

逻辑分析

在以上案例中，科学家们查清炮瞄雷达受干扰的原因，运用的是探求因果联系逻辑方法中的求同法。求同法，其内容是：在被研究现象出现的若干场合中，只有一个先行情况是共同的，那么这个共同的先行情况就是被研究现象的原因。科学家们调查炮瞄雷达受干扰的原因时，发现各高炮部队雷达受干扰时，虽然许多情况（所处的环境、使用的雷达型号、训练的水平、操作的时间等）都不相同，但是有一个情况是共同的，那就是炮瞄雷达对准了太阳。所以，科学家们据此可以得出结论：炮瞄雷达所受的干扰来自于太阳发射的无线电波。求同法是异中求同，即其他情况都不相同，唯有一种情况相同。

[逻辑案例.9　　孙膑减灶]

公元前 342 年，魏国派兵攻打韩国。韩国向齐国求救。齐宣王派田忌和孙膑带兵救援韩国。孙膑又使出他"围魏救赵"的老法子，不去救韩，而是引兵直接去攻打魏国。庞涓接到魏王的告急文书，只好退兵赶回去。这时，齐国的兵马已经深入魏国了。庞涓下马查看齐军扎过营的地方，发现齐军的营盘占了很大的地方。他叫人数了数做饭的炉灶，足够 10 万人吃饭用的。"天呀，怎么这么多人？"庞涓吓得说不出话来。

第二天，庞涓带着大军继续追赶，赶到齐国军队第二次扎营的地方，又命人数了数炉灶，炉灶大大减少了，只能供 5 万人用的了。庞涓不由得高兴起来。

第三天，魏军继续往回走，他们追到齐国军队第三次扎营的地方，仔细数了数炉灶，只剩下够两三万人用的了。庞涓这才放了心，笑着说："我早就知道齐军都是胆小鬼，10 万大军到了魏国，才三天工夫，就逃散了一大半。哈哈！"他舍弃步兵，带着轻骑部队日夜兼程地跟着齐国军队走过的路线追上去，一直追到马陵（今河北大名县东南），此时天已黑了。马陵道在两座高山之间，山路旁边都是深涧。庞涓恨不得一步赶上齐国的军队，吩咐大军摸黑往前赶。忽然前面的兵士回来报告："前面的山道被木头堵住了。"庞涓上前一看，果然见道旁的树全被砍倒了，只留下一棵最大的没砍。细细看去，上面影影绰绰好像写着几个大字。庞涓叫兵士拿火来照。几个兵士点起火把一照，树上写的是："庞涓死于树下"。庞涓大吃一惊，连忙命令撤退，但为时已晚。齐军万箭齐发，杀声震天，魏国军队一片混乱。

原来这是孙膑设下的计策，他故意天天减少炉灶的数量，引诱庞涓追上来。庞涓走投无路，只好拔剑自刎。

逻辑分析

在以上案例中，孙膑增兵减灶的计谋，从逻辑上看，就是灵活运用共变法的结果。共变法的内容是：在被研究现象发生变化的各个场合中，如果其中只有一个先行情况是变化着的，那么这个变化着的先行情况就是被研究现象的原因。庞涓用的推理同样也是共变法，谁知道这种共变是孙膑伪装出来的。

[逻辑案例 10 九江投毒案]

2002 年 4 月 2 日下午 18 时，在江西省九江市烟水亭附近硼浦路 18 号小餐馆里，6 名正在吃饭的民工突然接二连三地栽倒在地上，脸色发白，口吐白沫，全身抽搐。其中有 3 人中毒身亡。

同年 4 月 3 日中午 12 时，也在烟水亭附近三马路 62 号小餐馆里，九江人熊六桂吃了一两口饭菜后突然倒地，几分钟之后死亡。同年 4 月 6 日上午 10 时，在烟水亭附近大中路 33 号月红餐馆里卖水果的刘发林喝了一杯开水，一分钟之后便开始出现头晕、手脚发抖、眼前发黑等症状。后送至医院抢救，保住了性命，但此后几天里毒性反复发作。投毒事件发生后，九江市警方将其列为首要案件。他们对这几起中毒案的饭菜及饮水进行了化验，发现致命的剧毒物是同一种药——国家明令禁止的老鼠药"毒鼠强"，人服用后只需两三分钟即死亡。

逻辑分析

由此案例我们可以看出，尽管中毒发生的时间、具体地点、人物、所食用的东西不同，但其中有一个共同的情况，那就是吃进了老鼠药"毒鼠强"。这里警方所使用的逻辑方法就是求同法。

[逻辑案例 11 检官镰刀断案]

《洗冤录》中记载有一个因借钱不还而用镰刀杀人的案子：检官探明了

借钱人的住处，找到了一把镰刀，便命令该地居民全部将镰刀交出，一一摆放在地上。当时正直酷暑季节，只见其中的一把镰刀上苍蝇云集。检官指着那把镰刀问众人："这把镰刀是谁的？"有一人应声。经调查，他就是借钱到期之人，于是将其抓获讯问。但他拒不认罪，大喊冤枉。检官不慌不忙，指着刀让他自己看："大家的镰刀上没有苍蝇云集，而你用镰刀杀人后，血腥气还在，所以苍蝇聚集在你的镰刀上，这难道还不清楚吗？"于是借钱人只好低头认罪。

逻辑分析

在以上案例中，检官断案使用的就是求异法。同样是镰刀，只有其中一把苍蝇云集，其他则无此情况，据此可以推论：唯一不同的情况是此镰刀有血腥气，故招引来苍蝇，而其他镰刀则没有此种情况。

[逻辑案例 12   于成龙智断疑案]

电视剧《廉吏于成龙》中描写：清官于成龙有一天去邻县办事，途中看见两个壮汉用木板抬着一个用棉被盖面的女病人，两边还有三个壮汉跟随，一路上几名壮汉不断换人抬病人，而且显得很累。于成龙见状心生疑虑：一个妇人哪有这么重？这其中肯定另有原因。于是派人一查，结果发现木板上除女"病人"外，还有许多偷来的金银珠宝。

逻辑分析

在以上案例中，有两组复合现象：木板及载物重量与抬木板壮汉负重能力。根据经验可知，两个壮汉抬一女病人及木板，应该不会吃力。于是可推断，有另外的重量使壮汉显得吃力。这就是运用了剩余法。

[逻辑案例 13   魏征进谏]

《资治通鉴》中有这样一段话：

上问魏征曰："人主何为而明，何为而暗？"对曰："兼听则明，偏信则暗。昔尧清问下民，故有苗之恶得以上闻。舜明四目，达四聪，故共、鲧、驩兜不能蔽也。秦二世偏信赵高，以成望夷之祸；梁武帝偏信朱异，以取台城之辱；隋炀帝偏信虞世基，以致彭城阁之变。是故人君兼听广纳，则贵臣不得拥蔽，而下情得以上通也。"上曰："善。"

译文：

唐太宗问魏征："君主怎样叫明，怎样叫暗？"魏征答："兼听则明，偏信则暗。从前帝尧明晰地向下面民众了解情况，所以三苗作恶之事能被及时掌握。帝舜耳听四面，眼观八方，故共、鲧、驩兜不能蒙蔽他。秦二世偏信赵高，在望夷宫被赵高所杀；梁武帝偏信朱异，在台城被软禁饿死；隋炀帝偏信虞世基，死于扬州的彭城阁兵变。所以人君广泛听取意见，则贵族及大臣不敢蒙蔽，下情得以上达。"唐太宗说："说得好啊！"

逻辑分析

在这段话中，魏征就是运用求同求异并用法进行论述的。他首先把所考察的"明了下情"现象出现的一组场合进行比较，应用求同法找出一个共同情况，即"广泛听取意见"；然后再用求同法把所考察的"明了下情"现象不出现的一组场合进行比较，得知都没有"广泛听取意见"这个共同情况；最后，运用求异法把前后两组场合加以比较，找出它们的差异，从而说明了"兼听广纳"是"下情得以上通"的原因。

[逻辑案例 14   晏子使楚]

《晏子春秋》中记载了晏子的一个故事：有一次，齐国的大夫晏婴奉命出使楚国，楚王设宴招待晏子。席间，两个楚兵绑着一个人来见楚王（这是楚王预先安排好的，想借此羞辱晏子）。楚王故意问："绑着的人犯了什么罪？是什么地方的人？"楚兵回答说："他是个小偷，是齐国人。"楚王听了，得意地望着晏子说："齐国人原来喜欢偷东西呀！"

逻辑分析

楚王在这里玩弄的是"轻率概括"或"以偏概全"的诡辩术。因为即使那个被捆绑的人真的是个小偷，也只能形成一个单称判断："这个齐国人喜欢偷东西"，但绝不能由此推出"齐国人都喜欢偷东西"的全称结论。聪明的晏子对楚王的诡辩当场给予了有力的驳斥和反击。晏子离开座位郑重地回答说："我听说，橘子树长在淮河以南结出的果实就是甜橘，长在淮河以北结出的果实就是酸枳。（橘和枳）仅仅叶子相似，它们的果实味道却不同。这是什么原因呢？是水土不同啊。现在百姓生活在齐国不偷盗，来到楚国就偷盗，莫不是楚国的水土使人喜欢偷盗？"楚王听了苦笑着说："不可跟圣人开玩笑啊，我反而自讨没趣了。"晏子反驳的方法则是类比。

[逻辑案例 15   乘坐飞机比乘坐火车安全吗？]

在西方国家，每当飞机发生空难时，常听到航空公司的人士辩解说："乘坐飞机还是比乘坐火车安全。"理由是"飞机飞行 10 万千米的死亡率是 1 人，而火车平均行驶 5 万千米就有 1 人死亡"。

逻辑分析

这些话，初听起来，好像有些道理。但仔细考虑，就会发现这种比较方法是有问题的。且不说所讲的归纳统计数字是否可靠，就是假定它们是真实的，也得不出"坐飞机比坐火车安全"的结论。因为把两种速度相差很大的交通工具，用运行距离作单位来比较它们的安全性，是很不科学的。根据人们的具体感受，在衡量安全程度方面，与其用运行距离作单位，不如用运行时间作单位进行比较会更接近实际一些。假定火车的平均时速为100千米，飞机的平均时速为500千米，按运行时间为单位来计算，根据简单枚举归纳统计的结果就变为"坐飞机的死亡率是平均每飞行200小时1人，而火车是平均每行驶500小时死亡1人"。这就得出了与航空公司的说法完全相反的结论：乘坐火车比乘坐飞机安全。

7.2 教材练习题及其答案

[教材练习题]

一、说明下面的结论能否用完全归纳推理得到

1. 所有的鸟都会飞。

2. 24～28之间没有质数（凡仅被1或自身整除的数叫质数）。

3. 我班所有同学都是四川人。

4. 东风钢铁厂所有车间都实现了生产自动化。

5. "龟背湿，阴雨兆。"

二、下列推理属何种归纳推理？请写出它们的逻辑结构

1. 水稻能够进行光合作用，小麦能够进行光合作用，杉树能够进行光合作用，水稻、小麦、杉树都是绿色植物，因此，所有绿色植物都能进行光合作用。

2. 水星是沿椭圆轨道绕太阳运行的，金星是沿椭圆轨道绕太阳运行的，地球、火星、木星、土星、天王星、海王星、冥王星也是沿椭圆轨道绕太阳运行的；而水星、金星、地球、火星、木星、土星、天王星、海王星、冥王星是太阳系的全部大行星；所以，太阳系所有的大行星都是沿椭圆轨道绕太阳运行的。

3. $7 = 3 + 2 + 2$

$9 = 3 + 3 + 3$

$11 = 5 + 3 + 3$

$$13 = 5 + 5 + 3$$

......

7、9、11、13 等都是大于 5 的奇数，它们都能写成三个素数之和，所以，任何大于 5 的奇数都能写成三个素数之和。

4. 观察某个装置中的一定温度下的一定量的气体，由于其体积和压力的变化情况，得到以下的数值表：

P（压力）	0.1	0.2	0.5	1.0	2.0	5.0	10.0
V（体积）	10.0	5.0	2.0	1.0	0.5	0.2	0.1

这样，就可以得出"在一定温度下，一定量气体的体积与压力成反比"这个一般性的结论。

5. 人们在实践中发现杨树、冬青、蔬菜在阳光下能放出氧气。经过科学的考察分析发现，绿色植物在阳光照射下能发生光合作用，水和二氧化碳变成糖类放出氧气。人们在认识了这种内在联系后，概括出一个一般性的结论：绿色植物通过光合作用都能放出氧气。

6. 俄国的沙皇是"纸老虎"，德国的希特勒是"纸老虎"，意大利的墨索里尼、日本帝国主义、蒋介石和他的支持者美国反动派也是"纸老虎"；他们之所以是"纸老虎"，是因为他们脱离人民，代表反动力量；所以一切反动派都是"纸老虎"。

三、分析下列各题分别运用了何种探求因果联系的方法

1. 有文献报道，长期用 1% 阿托品滴眼，每天一次，可防止近视发展。某个眼防所在这方面做了大量的研究工作。他们用 1% 的阿托品滴一只眼和另一只眼不滴阿托品作对照，经 7 个月治疗，滴药的眼睛近视度数平均降低 0.88 度，不滴药的眼睛视力无进步。但是这个疗法的缺点是患者畏光。后来他们将阿托品减低浓度（一般不小于 0.01%）治疗近视的学生，发现疗效和副作用也随阿托品浓度的降低而减弱。

2. 长期生活在又咸又苦的海水中的鱼，它的肉却不是咸的，这是为什么？科学家们考察了一些生活在海水中的鱼，发现它们虽然在体形、大小，种类等方面不同，但它们的鳃片上都有一种能分解盐分的特殊构造，叫"氯化物分泌细胞"组织。科学家们又考察了一些生活在淡水中的鱼，发现它们虽然也在体形、大小、种类等方面不同，但它们的鳃片上都没有这种"氯化物分泌细胞"组织。由此可见，具有"氯化物分泌细胞"组织是海鱼在海水中长期生活而其肉不具有咸味的原因。

3. 由于吸烟严重损害健康，所以吸烟的人要比不吸烟的人寿命更短。A国在 25 个州统计了其他情况大致相同的 100 万人，发现：每天吸烟 1～9 支的人，平均减寿 4.6 岁；每天吸烟 10～19 支的人，平均减寿 5.5 岁；每天吸烟 20～29 支的人，平均减寿 6.2 岁；每天吸烟 40 支以上的，平均减寿 8.3 岁。吸烟的危害很大，所以请勿吸烟。

4. 19 世纪期间，人们当时从各种化合物中分离出来的氮，其密度总是相同；可是大气中的氮，却比从化合物中得到的氮多出 0.5% 的重量。于是人们分析，这多出来的重量，一定有它另外的原因。经过对大气的反复测定，终于证明空气中的氮气加重的原因，是因为存在着氩气的缘故。

5. 棉花能保温、毛皮能保温、积雪能保持地面的温度，但棉花是植物纤维、毛皮来自动物、雪是水的结晶，它们很不相同。为什么它们能保温呢？通过观察可以发现：棉花、皮毛、雪都有一个共同点，即都是疏松多孔的（例如新鲜的雪有 40%～50% 的空间间隙），于是可以得出结论：疏松多孔的东西能保温。

6. 户外植物的叶子一般都是绿色的。但把马铃薯、白薯、萝卜、葱头等放在地窖里，它们发芽后长出的叶子都没有绿色。田里的韭菜、蒜苗有绿叶，但在暗房里培养出来的韭黄、蒜苗都是黄色的。把一株在户外生长、有绿叶的植物移入暗室，它的绿色会逐渐褪去；若再把它移植户外，其绿色又会逐渐恢复。户外的野草是绿色的，但在石头下长的草则没有绿色。

7. 前苏联科研人员在实验室中发现，有泪腺的动物伤口愈合得快，而摘除了泪腺的动物伤口愈合得不快，常常要长于有泪腺动物的六至八倍。于是可以得出结论，动物伤口愈合过程与泪腺功能关系密切。

8. 19 世纪，日本水兵常得一种叫"脚气"的病，这种病在日本军舰上极为流行。1878 年，一个叫高木的军官发现，一组长期生活在海上的日本兵得了脚气病，而另一组长期生活在海上的英国兵却不得这种病。他把两国水兵的食谱作了对比，发现日本水兵吃去糠的白米饭，英国水兵们吃大麦之类的粮食。后来高木让那一组患脚气病的日本水兵不吃去糠的白米饭，改吃大麦，结果他们都痊愈了。于是高木得出结论：脚气病与长期吃去糠的白米饭有关。

四、分析判断以下各题

1. 目前，国内汽车市场竞争十分激烈。进口名牌汽车款新质优，但价格比较昂贵；而国产汽车以质量价格比优于进口汽车而很受欢迎，但也面临严峻的考验。据统计，2000 年全国国产汽车销量为 10 万辆，而目前全国的汽车生产能力已达 200 万辆以上。

从上述论断中得不出以下哪项结论？

A. 汽车生产厂家之间的竞争将不可避免。

B. 汽车生产厂家应通过规模经济降低成本。

C. 国产汽车目前是买方市场。

D. 中国加入世界贸易组织（WTO）后，国内制造行业将会受到进一步的冲击。

2. 张平图便宜，花50元买了双旅游鞋，结果不到一个月鞋带就断了。不久，他按市价的几乎一半买了件皮夹克，结果发现原来是仿羊皮的。于是他得出结论：便宜无好货。

张平得出结论的思维方法，与下列哪项最为类似？

A. 李京是语文教师，他仔细地批改了每一篇作文，得出结论：全班同学的文字表达能力普遍有提高。

B. 王江检验一批产品，第一件合格，而第二件是次品，于是得出结论：这批产品不全合格。

C. 王强邻居的小男孩，头上有两个旋，脾气很犟；王强的小侄子，头上也有两个旋，脾气也很犟。王强因此得出结论：头上有两个旋的孩子，脾气很犟。

D. 李文认为头上有两个旋的孩子很犟，因此得出结论：自己的孩子脾气不犟是因为头上只有一个旋。

3. 母亲：这学期明明的体重明显下降，我看这是因为他的学习负担太重了。

父亲：明明体重下降和学习负担没有关系。医生说明明营养不良，我看这是明明体重下降的真正原因。

以下哪项如果为真，最能对父亲的意见提出质疑？

A. 学习负担过重，会引起消化紊乱，妨碍对营养的正常吸收。

B. 隔壁的涛涛和明明一个班，但涛涛是个小胖墩，正在减肥。

C. 由于学校的重视和努力，这学期明明和同学们的学习负担比上学期有所减轻。

D. 现在学生的普遍问题是过于肥胖，而不是体重过轻。

4. 在经历了全球范围的股市暴跌的冲击以后，G国政府宣称，它所经历的这场股市暴跌的冲击，是由于最近国内一些企业过快的非国有化造成的。

以下哪项，如果事实上是可操作的，最有利于评价G国政府的上述宣称？

A. 在宏观和微观两个层面上，对 G 国一些企业最近的非国有化进程的正面影响和负面影响进行对比。

B. 把 G 国受这场股市暴跌的冲击程度和那些经济情况和 G 国类似，但最近没有实行企业非国有化的国家所受到的冲击程度进行对比。

C. 把 G 国受这场股市暴跌的冲击程度，和那些经济情况和 G 国有很大差异，但最近同样实行了企业非国有化的国家所受到的冲击程度进行对比。

D. 计算出在这场股市风波中 G 国的个体企业的平均亏损值。

5. 许多孕妇都出现了维生素缺乏的症状，但这通常不是由于孕妇的饮食中缺乏维生素，而是由于腹内婴儿的生长使她们比其他人对维生素有更高的需求。

为了评价上述结论的确切程度，以下哪项操作最为重要？

A. 对某个不缺乏维生素的孕妇的日常饮食进行检测，确定其中维生素的含量。

B. 对孕妇的科学食谱进行研究，以确定有利于孕妇摄入足量维生素的最佳选择。

C. 对日常饮食中维生素足量的一个孕妇和一个非孕妇进行检测，并分别确定她们是否缺乏维生素。

D. 对日常饮食中维生素不足量的一个孕妇和另一个非孕妇进行检测，并分别确定她们是否缺乏维生素。

6. 某学院最近进行了一项有关奖学金对学习效率是否有促进作用的调查，结果表明：获得奖学金的学生比那些没有获得奖学金的学生的学习效率平均要高出 25%。调查的内容包括自习的出勤率、完成作业所需要的平均时间、日平均阅读量等许多指标。这充分说明，奖学金对帮助学生提高学习效率的作用是很明显的。

以下哪项如果为真，最能削弱以上的论证？

A. 获得奖学金通常是因为那些同学有好的学习习惯和高的学习效率。

B. 获得奖学金的同学可以更容易改善学习环境来提高学习效率。

C. 学习效率低的同学通常学习时间长而缺少正常的休息。

D. 对学习效率的高低跟奖学金的多少的关系的研究应当采取定量方法进行。

7. 一个常见的误解是认为大学的附属医院比社区医院或私人医院要好。实际上，大学附属医院的治愈率比其他医院都低。从这点可以清楚地看到大学附属医院的治疗水平比其他医院都低。

以下哪项如果为真，最强有力地削弱了上面的论证？

A. 在大学附属医院工作的医生赚的钱比私人医院的医生少。

B. 大学附属医院和社区医院买不起私人医院里的精密设备。

C. 大学附属医院的重点是纯科学研究，而不是治疗和照顾病人。

D. 寻求大学附属医院帮助的病人的病情通常比在私人或社区医院的病人重。

8. 一位社会学家对两组青少年做了研究。第一组成员每周看有暴力内容的影视的时间平均不少于 10 小时；第二组则不多于 2 小时。结果发现第一组成员中举止粗鲁者所占的比例要远高于第二组。因此，此项研究认为，多看有暴力内容的影视容易导致青少年举止粗鲁。

以下哪项如果为真，将对上述研究的结论提出质疑？

A. 第一组中有的成员的行为并不粗鲁。

B. 第二组中有的成员的行为比第一组中有的成员的行为还粗鲁。

C. 第一组中有的成员的文明行为是父母从小教育的结果，这使得他们能抵制暴力影视的不良影响。

D. 第一组成员中很多成员的粗鲁举止是从小养成的，这使得他们特别爱看暴力影视。

9. 在 20 世纪 50 年代，我国森林的覆盖率为 19%，20 世纪 60 年代为 11%，20 世纪 70 年代为 6%，20 世纪 80 年代不到 4%。随着森林覆盖率的逐年减少，植被大量损失，削弱了土地对雨水的拦蓄作用，一下暴雨，水流卷着泥沙滚滚而下，使洪涝灾害逐年严重。可见，森林资源被破坏是酿成洪灾的原因。

以下哪项使用的方法与题干最为类似？

A. 敲锣有声，吹箫有声，说话有声。这些发声现象都伴有物体上空气的震动，因而可以断定物体上空气的震动是发声的原因。

B. 把一群鸡分成两组：一组喂白米，鸡得一种病，脚无力，不能行走，症状与人得的脚气病相似；另一组用带壳稻米喂，鸡不得这种病。由此推测：精白米中没有带壳稻米中的某种东西是造成脚气病的原因。进一步研究发现，这种东西就是维生素。

C. 意大利的弗·雷第反复进行了一个实验：在 4 个大广口瓶里，放进鱼和肉，然后盖上盖，或蒙上纱布，苍蝇进不去，一个蛆都没有；另 4 个大广口瓶里，放进同样的鱼和肉，敞开瓶口，苍蝇飞进去产卵，腐烂的肉和鱼很快生满了蛆。可见苍蝇产卵是腐烂的鱼和肉生蛆的原因。

D. 在有空气的玻璃罩内通电击铃，随着抽出空气的量的变化，铃声越来越小。若把空气全抽出，则完全听不到铃声。可见，空气多少是发出声音大小的原因，空气的有无是能否听到铃声的原因。

教材练习题答案

一、说明下面的结论能否用完全归纳推理得到

1. 不能。因为对象是无限多的。

2. 能够。因为对象有限。

3. 能够。可以列举出每一位同学。

4. 能够。因为对象可数。

5. 不能。这种现象太多了。

二、下列推理属何种归纳推理？请写出它们的逻辑结构

1. 简单枚举推理。

其逻辑结构如下：

S1 是 P，S2 是 P，……，Sn 是 P；

S1，S2，……，Sn 是 S 类的部分对象；

并且，没有遇到反例。

所以，所有 S 都是 P。

其中 S1、S2 指代水稻、小麦等，P 指绿色植物。

2. 完全归纳推理。

其逻辑结构如下：

S1 是 P，S2 是 P，……，Sn 是 P；

S1，S2，……，Sn 是 S 类的全部对象。

所以，所有 S 都是 P。

3. 简单枚举推理

其逻辑结构如下：

S1 是 P，S2 是 P，……，Sn 是 P；

S1，S2，……，Sn 是 S 类的部分对象；

并且，没有遇到反例。

所以，所有 S 都是 P。

4. 简单枚举推理

其逻辑结构如下：

S1 是 P，S2 是 P，……，Sn 是 P；

S1，S2，……，Sn 是 S 类的部分对象；

并且，没有遇到反例。

所以，所有 S 都是 P。

5. 科学归纳推理。

其逻辑结构如下：

S1 是 P，S2 是 P，……，Sn 是 P；

S1，S2，……，Sn 是 S 类的部分对象；

并且，S 与 P 之间有内在联系。

所以，所有的 S 都是 P。

6. 简单枚举推理。

其逻辑结构如下：

S1 是 P，S2 是 P，……，Sn 是 P；

S1，S2，……，Sn 是 S 类的部分对象；

并且，没有遇到反例。

所以，所有 S 都是 P。

三、分析下列各题分别运用了何种探求因果联系的方法

1. 求异法。对眼睛所做的研究中，只有一个情况不同，其他情况都相同。

2. 求同法。考察海水中的鱼，其他情况不同，唯有一种情况相同，那就是海鱼都有"氯化物分泌细胞"。可见，这是海鱼长期生活在海水里而其肉不咸的原因。

3. 共变法。平均每天吸烟越多，平均减寿越多。

4. 剩余法。大气中的氮，却比从化合物中得到的氮多出 0.5% 的重量，所以肯定还存在别的气体。

5. 求同法。棉花、皮毛、雪尽管其他特征不同，但有一点是共同的：这就是都是疏松多孔的。

6. 求同求异并用法。两组植物，分别其他情况不相同，只有一个共同因素，那就是：在户内，或在户外。

7. 求同求异并用法。两组动物实验，一组有泪腺，其他情况不同；一组摘除泪腺，其他情况各不一样。可见，动物伤口愈合过程与泪腺功能确实有关。

8. 求同求异并用法。一组英国士兵，其他情况都不同，而有一个情况相同，即吃大麦；一组日本士兵，其他情况不同，但都吃去糠的白米饭。因此，脚气病与长期吃去糠的白米饭有关。

四、分析判断以下各题

1. 解析：从题干中可以推出，中国加入世界贸易组织后，国内汽车行业将会受到进一步的冲击，但推不出国内制造行业将会受到进一步的冲击，

否则就会犯"以偏概全"的逻辑错误。选项 A、B、C 都能从题干中推出。所以，正确答案是 D。

2. 解析：只有选项 C 运用的推理方法与题干相同，都犯了"以偏概全"的逻辑错误。所以，正确答案是 C。

3. 解析：题干中，父亲认为明明体重下降的原因是营养不良，而选项 A 指出，营养不良可能是学习负担过重引起的。这样，营养不良仅仅是明明体重下降的表面原因，而真正的原因还是学习负担过重，所以，父亲说的"明明体重下降和学习负担过重没有关系"是不对的。选项 B 和 C 是对父亲的意见的支持，选项 D 不能构成对父亲的意见的质疑。所以，正确答案是 A。

4. 解析：应选 B。因为，如果那些经济情况与 G 国类似，但最近没有实行企业非国有化的国家所受冲击程度小，则根据求异法，G 国政府的宣称成立；反之，则 G 国政府的宣称不成立。若选 C，只能弄清经济情况的差异是否造成这场股市暴跌冲击的原因。选项 A、D 都不能说明题干中 G 国政府的宣称。

5. 解析：应选 C。C 使得题干可根据求异法得出其上述结论。

6. 解析：应选 A。A 揭示的现象即两组学生在学习习惯、学习效率方面的差异使得题干的论证违反了求异法的规定："被研究现象出现和不出现的两个场合中，只有一个情况不同。"

7. 解析：应选 D。只有 D 能够有力地削弱上述论证。

8. 解析：应选 D。因为 D 指出了观看有暴力内容的影视的平均时间以外的变化情况，这使得上述研究所根据的共变法出了差错。

9. 解析：应选 D。题干使用了共变法。A 是求同法，B 是求同求异并用法，C 是求异法，只有 D 是共变法。

7.3 扩展训练题及其答案

[扩展训练题]

一、运用完全归纳推理能推出下列结论吗？

1. 天下乌鸦一般黑。

2. 我们班所有的同学都是北京人。

3. "鱼鳞天，不雨也风颠。"

4. 原子都是可分的。

5. 人人都有思维能力。

6. "燕飞低，披蓑衣。"

二、以下推理是否正确，为什么？

1. 铜加热之后，体积增大；铝加热之后，体积增大；铁加热之后，体积增大；因为它们受热后，分子之间的凝聚力减弱，相应的分子之间的距离就会增加，从而导致体积膨胀；而铜、铝、铁都是金属；所以，金属加热之后，体积都会膨胀。

2. 1979年6月，美国三哩岛核电站发生了严重事故；1986年4月，前苏联切尔诺贝利核电站也发生了严重事故；所以目前世界上运转着的核电站都会发生严重事故。

3. 圆锥曲线包括圆、椭圆、双曲线、抛物线四种。圆、椭圆、抛物线、双曲线都是二次曲线，所以所有的圆锥曲线都是二次曲线。

4. 甲电视机与乙电视机有相同的颜色、外型、出厂日期，并且价钱也差不多，因此，甲电视机与乙电视机的图像质量一样。

5. 某市今年的凶杀案件增长了近70%，因此，某市的治安状况变得很糟糕，令市民十分担忧。

6. 某人连续三个晚上分别看了一部美国大片，并且第一晚抽了许多烟，第二晚喝了许多浓茶，第三晚喝了许多咖啡，结果三个晚上都失眠了，于是他认为失眠的原因是看美国大片。

三、下列各题运用了哪一种探求因果联系的方法？

1. 1974年，湖州蔬菜公司的蔬菜幼苗盖了塑料薄膜，结果害了病。与此同时，宁波郊区、杭州郊区的蔬菜幼苗也因盖了塑料薄膜而出现了同样的症状。于是曹小芝得出结论：这些蔬菜幼苗出现病症是由于生理病害所致，问题出在其所用的塑料薄膜上。为了进一步弄清这一点，曹小芝继续作对比试验，发现使用有毒增塑剂的薄膜将影响蔬菜幼苗生长。于是证明了湖州等地蔬菜幼苗出现病症是使用有毒的塑料薄膜引起的。

2. 有一片松林长得高而细、叶枯而黄。据调查，这片松林种得过密，而且由于不适当地开发水源造成土壤盐碱度上升。已知树干高而细是种得过密造成的，因此可以得出结论：树叶枯而黄是由于土壤盐碱度上升引起的。

3. 英国六位医生对140名因听觉神经细胞障碍而造成听觉不灵的人作检查。他们发现：因听觉神经细胞障碍而造成听觉失灵越严重的人，其红血球的刚度也就越大，于是他们得出结论：听力减弱或耳聋与红血球变硬有关。

4. 种植马铃薯是选用大个的薯块作种好，还是选用小的好呢？有一个农业试验站曾做过这样的试验：用10克、20克、40克、80克、160克重的马铃薯分别播在同一块田里，施同样的肥料。结果10克重种子的产量是245克，20克重种子的产量是430克，40克重种子的产量是565克，80克重种子的产量是940克，160克重种子的产量竟达1090克。这说明选用大个的薯块作种，可以提高产量。

5. 在土壤耕作和管理都相同的两块小麦试验田中，冬灌的比没有冬灌的产量高，因此，冬灌可能是提高小麦产量的一项有效措施。

6. 人们很早就知道，种植豆类植物如豌豆、蚕豆、大豆时，不仅不需要给土壤施氮肥，而且豆类植物还可以使土壤增加氮；而种植非豆类植物如麦子、油菜、稻子时，则没有这种现象。经过研究后，人们发现豆类植物的根部有被称为"根瘤"的突起物，而其他非豆类植物则没有。由此人们得出结论：豆类植物的根瘤能使土壤增加氮。

7. 因船舶遇难落水的人在水中最多能坚持多久？有人研究发现，会水的人在水为0℃时可以坚持15分钟；在2.5℃时，是30分钟；在5℃时，是1小时；10℃时是3小时；25℃时是一昼夜。可见，人在水中坚持时间的长短与水温高低有因果联系。

四、分析判断以下各题，选择一个正确答案

1. 在我国的城市中，北京人口超过900万，上海超过900万，天津超过900万，重庆超过900万，因此，我国所有直辖市人口都超过900万，这一推理属于（　　）。

A. 选言推理　　　　　　　　B. 或然性推理
C. 不完全归纳推理　　　　　D. 完全归纳推理
E. 统计归纳推理

2. 人们早已知道，某些生物的活动是按时间的变化（昼夜交替或四季变更）来进行的，具有时间上的周期性节律，如鸡叫三遍天亮、青蛙冬眠春醒、大雁春来秋往、牵牛花破晓开放，等等。人们由此进行概括：凡生物的活动都受生物钟支配，具有时间上的周期性节律。下述哪段议论的论证手法与上面所使用的方法不同？

A. 麻雀会飞，燕子会飞，大雁会飞，天鹅、斑鸠、喜鹊、海鸥等也会飞，所以，所有的鸟都会飞。

B. 我们摩擦冻僵的双手，手便暖和起来；我们敲击石块，石块会发出火光；我们用锤子击打铁块，铁块也能热到发红；古人还通过钻木取火；所以，任何两个物体的摩擦都能生热。

C. 在我们班上，我不会讲德语，你不会讲德语，红霞不会讲德语，大刚也不会讲德语，所以，我们班没有人会讲德语。

D. 外科医生在给病人做手术时可以看 X 光片，律师在为被告辩护时可以查看辩护书，建筑师在盖房子时可以对照设计图，教师备课可以看各种参考书，为什么却不允许学生在考试时看教科书及其相关的资料？

E. 张山是湖南人，他爱吃辣椒；辛瑜是湖南人，她也爱吃辣椒；王武是湖南人，更爱吃辣椒。我所碰到的几个湖南人都爱吃辣椒。所以，所有的湖南人都爱吃辣椒。

3. "试点综合症"的问题屡见不鲜。每出台一项改革措施，先进行试点，积累经验后再推广，这种以点带面的工作方法本来是人们经常采用的。但现在许多项目中出现了"一试点就成功，一推广就失败"的怪现象。

以下哪项不是造成上述现象的可能原因？

A. 在选择试点单位时，一般选择工作基础比较好的单位。

B. 为保证试点成功，政府往往给予试点单位许多优惠政策。

C. 在试点过程中，领导往往比较重视，各方面的问题解决得快。

D. 试点尽管成功，但许多企业外部的政策、市场环境却并不相同。

E. 全社会往往比较关注试点和试点的推广工作。

4. 在两块菜地里，每块都种上相同数量的西红柿苗，给第一块菜地里加入镁盐，但不给第二块加。第一块菜地里产出了 20 磅西红柿，第二块产出了 10 磅，因为除了水以外没有向那块菜地里加入其他任何东西。因此，第一块菜地产量较高的原因必然是镁盐。

下面哪个如果正确，最严重地削弱了以上的论证？

A. 少量的镁盐从第一块菜地渗入第二块菜地。

B. 第二块菜地里加入了一种高氮肥料，但没有加镁盐。

C. 在每块菜地中，以相同份额种植了四种不同的西红柿。

D. 有些与西红柿竞争生长的野草不能忍受土壤里大量的镁盐。

E. 这两块试验菜地的土质和日照不同。

5. 随着市场经济的发展，我国一些城市出现了这样一种现象：许多工种由外来人口去做，而本地却有大量的待业人员。假如各城市的就业条件是一样的，则以下各项都可能是造成这种现象的原因，除了：

A. 外来的劳动力大多数是其他城市的待业人员。

B. 本地人对工种过于挑剔。

C. 外地的劳动力的价格比较低廉。

D. 外来劳动力比较能吃苦耐劳。

E. 本地人对劳动报酬要求比较高。

6. 明年，宏达公司计划给雇员涨工资 10%，而大发公司则计划给每个雇员涨工资 7%，因此，明年宏达公司的雇员平均工资的上涨将大于大发公司。

以下哪项如果为真，最能加强上述论证？

A. 宏达公司的雇员是大发公司的三倍。

B. 宏达公司比大发公司具有更大的经济实力和发展前景。

C. 宏达公司雇员的最高工资和最低工资都分别显著高于大发公司雇员的最高工资和最低工资。

D. 去年宏达雇员的上涨幅度和大发公司基本持平。

E. 目前宏达公司雇员的平均工资高于大发公司。

7. 近年来，购买新汽车比购买二手车的消费者的比例下降了，一些消费者把这个变化归因于新汽车价格的增加。作为价格增加的证据，他们引用数字表明，即使经过通货膨胀调整后，新汽车购买者所付的平均价格仍然远高于几年前的价格。然而这个证据是没有说服力的，因为下面有一个论述最合乎逻辑地解释了这一现象。

A. 购买新车比二手车价格下降的幅度大得多。

B. 一个人买了一辆车，许多年后那个人才买另一辆车。

C. 购买新车平均价格的变化，可能仅仅是由于更多的人不喜欢廉价的新车，而倾向于二手车。

D. 新车的购买者的比例下降，必然意味着买二手车的比例已经增加了。

E. 二手车销售的相对增加可能由所有汽车购买者中仅仅小比例的购车者来决定。

8. 目前的大学生普遍缺乏中国传统文化的学习和积累。教育部有关部门及部分高等院校最近做的一次调查表明，大学生中喜欢和比较喜欢京剧艺术的只占到被调查人数的 14%。下列陈述中的哪一个最能削弱上述观点？

A. 大学生缺少对京剧欣赏方面的指导，不懂得怎样去欣赏。

B. 喜欢京剧艺术与学习中国传统文化不是一回事，不要以偏概全。

C. 14% 的比例正说明培养大学生对传统文化的学习大有潜力可挖。

D. 有一些大学生既喜欢京剧，也对中国传统文化的其他方面有兴趣。

E. 调查的比例太小，恐怕不能反映当代大学生的真实情况。

9. 某国每年对全国吸烟情况进行调查，结果表明：最近三年来，吸烟的中学生人数在逐年下降。于是，调查组的领导得出结论：吸烟的青少年人数在逐年减少。

以下哪项如果为真，将使调查组领导所下结论不能成立？

A. 由于经费紧张，下一年不再对中学生作此调查。

B. 大部分吸烟的青少年都不是中学生。

C. 这三年来，社会上帮助吸烟者戒烟的协会、组织在增加。

D. 近三年来，社会上帮助吸烟者戒烟的协会、组织在减少。

10. 据对一批企业的调查显示，这些企业总经理的平均年龄是 57 岁，而在 20 年前，同样的这些企业的总经理的平均年龄大约是 49 岁。这说明，目前企业中总经理的年龄呈老化趋势。

以下哪项，对题干的论证提出的质疑最为有力？

A. 题干中没有说明，20 年前这些企业关于总经理人选是否有年龄限制。

B. 题干中没有说明，这些总经理任职的平均年数。

C. 题干中的信息，仅仅基于有 20 年以上历史的企业。

D. 20 年前这些企业的总经理的平均年龄，仅是个近似数字。

11. 学生家长：这学期学生的视力普遍下降，是由于学生书面作业负担过重。

校长：学生视力下降和书面作业负担没有关系，经我们调查，学生视力下降的原因，是由于他们做作业时的姿势不正确。

以下哪项如果为真，最能削弱校长的辩解？

A. 过重的书面作业容易使学生感到疲劳，当感到疲劳时，学生不容易保持正确的书写姿势。

B. 该校学生的书面作业的负担和其他学校相比并不算重。

C. 校方在纠正学生姿势以保护视力方面做了一些工作，但力度不够。

D. 学生视力下降是个普遍的社会问题，不唯该校如此。

12. 在一项实验中，实验对象的一半作为实验组，食用了大量的味精；而作为对照组的另一半没有吃这种味精。结果，实验组的认知能力比对照组差得多。这一不利结果是由于这种味精的一种主要成分——谷氨酸造成的。

以下哪项如果为真，最有助于证明味精中某些成分造成了这一实验结论？

A. 大多数味精消费者不像实验中的人那样食用大量的味精。

B. 上述结论中所提到的谷氨酸在所有蛋白质中都有，为了保证营养必须摄入一定量这种谷氨酸。

C. 实验组中人们所食用的味精数量是在政府食品条例规定的安全用量之内的。

D. 两组实验对象是在实验前按其认知能力均等划分的。

13. 世界卫生组织在全球范围内进行了一项有关献血对健康的影响的跟

踪调查。调查对象分为三组。第一组对象中均有二次以上的献血记录，其中最多的达数十次；第二组中的对象均仅有一次献血记录；第三组对象均从未献过血。调查结果显示，被调查对象中癌症和心脏病的发病率，第一组分别为 0.3% 和 0.5%，第二组分别为 0.7% 和 0.9%，第三组分别为 1.2% 和 2.7%。一些专家依此得出结论：献血有利于减少患癌症和心脏病的风险。这两种病已经不仅在发达国家而且在发展中国家成为威胁中老年人生命的主要杀手。因此，献血利己利人，一举两得。以下哪项如果为真，将削弱以上结论？

（1）60 岁以上的调查对象，在第一组中占 60%，第二组中占 70%，在第三组中占 80%。

（2）献血者在献血前要经过严格的体检，一般具有较好的体质。

（3）调查对象的人数，第一组为 1 700 人，第二组为 3 000 人，第三组为 7 000 人。

A. 只有（1）和（2）。　　B. 只有（2）和（3）。

C. 只有（1）和（3）。　　D. （1）、（2）和（3）。

14. 在司法审判中，所谓肯定性误判是指把无罪者判为有罪，否定性误判是指把有罪判为无罪。肯定性误判就是所谓的错判，否定性误判就是所谓的错放。而司法公正的根本原则是"不放过一个坏人，不冤枉一个好人"。某法学家认为，目前，衡量一个法院在办案中对司法公正的原则贯彻得是否足够好，就看它的肯定性误判率是否足够低。

以下哪项如果为真，能最有力地支持上述法学家的观点？

A. 宁可错判，不可错放，是"左"的思想在司法界的反映。

B. 错放造成的损失，大多是可弥补的；错判对被害人造成的伤害，是不可弥补的。

C. 各个法院的办案正确率普遍有明显的提高。

D. 各个法院的否定性误判率基本相同。

扩展训练题答案

一、运用完全归纳推理能推出下列结论吗？

1. 不能。因为乌鸦的数量太多了。

2. 可以。能够把每一名同学都列举出来。

3. 不能。因为这样的现象无限多。

4. 不能。因为对象数量无限。

5. 不能。因为对象数量无限。

6. 不能。因为这样的现象无限多。

二、以下推理是否正确，为什么？

1. 正确。这里应用的是科学归纳法。

2. 不正确。这是以偏概全或轻率概括。

3. 正确。这是完全归纳。

4. 不正确。这是以偏概全或轻率概括。

5. 不正确。这是以偏概全。

6. 错误。这是求同法。但他只看到表面的共同原因，实际共同原因是抽烟、喝浓茶和咖啡都容易使人兴奋，从而导致失眠。

三、下列各题运用了哪一种探求因果联系的方法？

1. 求同法的应用。湖州蔬菜公司的蔬菜幼苗与宁波郊区、杭州郊区的蔬菜幼苗其他条件不同，而有一个情况是共同的，那就是都盖了塑料薄膜。

2. 剩余法的应用。松林长得高而细是种得过密造成的，那么叶枯而黄就应是由于土壤盐碱度上升引起的。

3. 求同法的应用。140 名因听觉神经细胞障碍而造成听觉不灵的人其他情况都不完全相同，唯有一个方面相同，即因听觉神经细胞障碍而造成听觉失灵越严重的人，其红血球的刚度也就越大。

4. 共变法的应用。产量随着马铃薯种块的重量增大而不断增加。

5. 求异法的应用。两块小麦实验田，其他情况都相同，唯有一个情况不同，那就是有没有进行冬灌。

6. 求同求异并用法。两组情况对照，其他情况不同，只是各组分别有相同，那就是种植的是豆类还是非豆类。

7. 共变法的应用。人在水中坚持时间的长短随着水温高低而发生变化。

四、分析判断以下各题，选择正确答案

1. 答案是 D。应用的是完全归纳法，我国只有四个直辖市。

2. 答案是 D。题干中使用了不完全归纳法进行论证。选项 A、B、C、E 与题干一样，都用了简单枚举法，只有选项 D 不同。该选项所使用的论证方法是类比推理，犯了"机械类比"的逻辑错误。

3. 应选 E。E 与题干的怪现象没有因果关系。

4. 应选 E。E 可能成为那两块菜地产量不同的原因。

5. 应选 A。因为各城市的就业条件基本是一样的。

6. 应选 E。E 与题干论证结论的联系最为紧密。

7. 应选 C。其他各项均不能解释这一现象。

8. 应选 B。B 指出了由对于京剧艺术的态度推出对于中国传统文化的态度是以偏概全，是对题干论述的有力反驳。事实上，"中国传统文化"的外延很大，京剧艺术仅是其中一个分子。

9. 应选 B。因为若 B 为真，则调查组领导所下结论所依据的推理便犯了"以偏概全"的逻辑错误，从而其结论不能成立。

10. 应选 C。因为若 C 为真，则题干的论证所依据的推理便犯了"以偏概全"的逻辑错误，从而对其结论提出了最为有力的质疑。

11. 选 A。题干中，校长认为，学生视力下降的原因是做作业时的姿势不正确。而选项 A 指出，做作业时的姿势不正确是因为书面作业过重使学生感到疲劳引起的。这样，做作业时的姿势不正确仅仅是表面原因，而真正的原因还是书面作业负担过重。所以，校长说的"学生视力下降和书面作业负担过重没有关系"是不对的。其余选项都不能构成对校长意见的质疑。

12. 选 D。D 使得题干可根据求异法得出其上述结论。

13. 选 A。因（1）、（2）都使题干的论证违反了共变法规定"只能一个相关情况随被研究现象发生变化而变化，其他情况应保持不变"。

14. 应选 D。因为既然肯定性误判率和否定性误判率是考察某个法院是否公正的两个必要的因素，由 D 可知否定性误判率基本相同，当然便可根据肯定性误判率来衡量一个法院办案时贯彻司法公正原则的情况。利用共变法便可得出上述法学家的观点。选项 B 对法学家的观点有所支持，但不足以说明其观点是成立的。A、C 构不成直接的支持关系。

第8章 类比、假说和预设

类比推理是这样一种推理，它根据两个（或两类）对象在一系列属性上是相同（或相似）的，而且已知其中一个对象还具有其他的特定属性，由此推出另一个对象也具有同样的其他特定属性作为结论。类比推理是一种或然性的推理，它在科学研究和社会实践中被广泛应用，对于科学研究、生产实践都有非常重要的意义。假说是指根据已知的事实材料和科学原理对未知现象和规律作出假定解释或推测性论断的思维方法。假说是一种科学探索的重要方法，在科学研究中，对未知事物和现象提出假定性解释和推测，对于推动科学的发展有重大的意义。预设是现代逻辑所关注的一个重要问题。预设指在交流中话语的已知部分，或者双方共知的信息。在日常语言交流中预设的应用非常普遍，掌握预设，对于我们语言的表达、解释和理解有重要意义。通过案例分析和习题，可以加深我们对类比推理、假说和预设的理解和掌握。

8.1 逻辑案例及其分析

[逻辑案例1 艾子机智救人]

齐国大夫邾石夫阴谋叛乱，被齐宣王杀掉了。齐宣王还准备连坐杀尽他的全族。邾石夫的族人很多，大家聚在一起商量办法。有人提出，别人的话，齐宣王是听不进去的，只有艾子机智聪明，很受齐宣王的信任，咱们都去求艾子吧！于是，全族的人都来求艾子。艾子笑着说："这事不难，你们去给我找根绳子来，马上就可以免掉灾祸。"大家都以为艾子在开玩笑，但谁也不好深问，只好按照艾子的要求，找了一根绳子给他。艾子把绳子揣在怀里，去见齐宣王。他对齐宣王说："邾石夫这个人，包藏祸心，谋反叛乱，大王您把他当众杀掉，是完全应该的。不过，干这坏事的只有邾石夫自己，他的族人没有参与，没有罪过，大王您要是把他全族的人斩尽杀绝，这是仁德的君王所应当做的吗？"齐宣王回答说："这不是我本人的意思，是前辈君王定下来的法律明确规定的。《政典》里就有这样的话：凡与叛乱同宗族的人，都必须杀掉，不能赦免！"艾子点点头说："我也知道大王是出于不得已！请听我再说两句：过去公子巫曾经以邯郸这个地方去投降秦国，公子巫也是大王的至亲，大王也就成了叛臣的宗族了，按照前辈君王定下的法律，大王也应该被连坐问罪。现在我带了根绳子交给大王，请大王今天就处置自己，免得有损前辈君王定下的法律。"齐宣王听了站起来说："艾先生，不用再说了，我这就赦免他们就是了。"

艾子凭他的聪明机智救了邾石夫的族人。艾子在与齐宣王对话中包含这样一个推理：公子巫犯有叛乱罪，大王是公子巫的同宗族的人，按前辈君王定下的法律，大王该被连坐问罪，但大王没有问自己的罪；邾石夫犯有叛乱罪，他们是邾石夫的同宗族的人，按前辈君王定下的法律，他们该被连坐问罪；所以，大王可以不问他们的罪。

逻辑分析

在这个推理中，艾子根据两个对象（大王与邾石夫的族人）在一系列属性上相同（都与叛乱者同宗族，按前辈君王定的法律都该连坐问罪），并且已知其中一个对象还具有其他属性（大王本人"没有问自己的罪"的属性），由此推出另一个对象（邾石夫的族人）也具有同样的其他属性的结论（可以不问他们的罪）。这种推理就是类比推理。类比推理是从特殊到特殊的推理，它的公式是：

A 有属性 a、b、c、d，

B 有属性 a、b、c，

所以，B 有属性 d。

这里，"A"和"B"可以指两个类，也可以指两个个体，还可以其中一个指类而另一个指个体。类比推理是把某对象所具有的属性 d 推移到与之相似的另一对象，结论所作的断定超出了前提的断定范围，所以它的结论是或然性的。

[逻辑案例 2　鲁班发明锯子]

鲁班是春秋时鲁国的能工巧匠。有一次，他承建一座大宫殿，需要许多木材，用斧子砍伐，费工又费时，怎么也供应不上。他很着急，就亲自上山去砍树。谁知山高路陡，鲁班只好攀登而上。突然，什么东西划了一下他的手，血立即流了出来。鲁班低头查看，原来是他抓住了路边的丝茅草。鲁班根本没有想到丝茅草这样柔软的叶子会把他的手割破。他又仔细找，总认为有什么锋利的东西，但除了丝茅草以外，实在没有什么别的东西了。突然，他注意到了丝茅草长长的叶子两边呈齿状。会不会是这齿状的叶子作怪？他试了试。啊，柔弱的齿状叶竟又把鲁班的手割了一条口子。柔弱的齿状叶竟然如此锋利，那么齿状的铁片不是更锋利吗？以齿状的铁片割树，岂不可以加快进度？鲁班想到这里，高兴得顾不上手痛，立即跑回去，想啊想，试啊试，经过反复的试验和改进，终于制成了锯子。鲁班发明了锯子以后，不但解决了当时木材的供应问题，而且给后人留下了一种锋利的伐木工具。

逻辑分析

鲁班发明锯子，运用的就是类比推理：丝茅草叶扁平长条，两边有齿，锋利，能割物；铁片扁平长条，两边有齿，锋利，也一定能割物。

有一次，鲁班应海边老百姓的要求，造一个能出海打鱼的东西。鲁班费了好多心血，想了又想，做了又做，还是做不出来。一天，鲁班的妻子到河边去洗衣裳。一阵风刮过来，鞋子被吹到河里，向远处漂去。她心里一着急，"扑通"一声跳进河里，把鞋子抓了上来。他妻子一回到家，就把这事对鲁班说了。鲁班一听，感到很奇怪，鞋子掉在水里为什么不沉下去？他朝妻子的翻头鞋上瞟了一眼，然后接过鞋子仔细看看，忽然像发现了什么似的，大声叫了起来："一是空心，二是不漏水，空心又不漏水，就不会沉到水底去了。"于是，鲁班就仿照翻头鞋的样子造了一只可供出海打鱼用的木船。这里，鲁班也是用的类比推理。

[逻辑案例3　　罗文锦智斗洋人]

19世纪30年代，英国商人威尔斯以与冯灿的茂隆皮箱商行订购的皮箱中有不是皮的木料为由，向当时的（中国）香港法院起诉，蓄意敲诈冯灿。针对这种情况，冯灿的律师罗文锦取出口袋中的金怀表，高声问法官："请问这是什么表？"法官答道："这是金表。可是这与本案有什么关系？"罗文锦高举金表，面对法庭上所有的人说："有关系。这是金表，没有人怀疑是吧？但是，请问，这块金表除表面镀金之外，内部的机械都是金制的吗？"旁听者同声议论："当然不是。"罗文锦继续说："那么人们为什么又叫它金表呢？"稍作停顿又高声说："由此可见，茂隆行的皮箱案不过是原告无理取闹、存心敲诈而已。"原告理屈词穷。法庭最后以威尔斯诬告，罚款5 000元结案。

逻辑分析

在以上皮箱诉讼案的法庭辩论中，卖方律师在反驳中所使用的就是类比推理：

表的外表有金，内部含有不是金的材料，但却是金表；

箱的外表有皮，但也含有不是皮的材料；

所以，箱仍是皮箱。

[逻辑案例4　　邹忌比美]

徐公是齐国公认的美男子，齐国大夫邹忌长得也相貌堂堂。有一天，邹忌问妻子："我和城北的徐公相比，谁长得漂亮？"妻子毫不犹豫地说："您美极了，徐公哪能比得上您呢？"邹忌不大相信，又去问他的妾，妾害怕地说："那还用问，当然是您漂亮。"过了一天，有个客人来访，谈话间，邹忌又顺便问了客人："你看，我和徐公相比，谁美？"客人赔着笑说："徐公比不上您美。"邹忌听了，仍不自信。一天，正好徐公来访，邹忌仔细端详了徐公，发现自己的相貌比不上徐公。当徐公走后，邹忌又对着镜子看了看，更觉得自己不如徐公美。邹忌想：我明明不如徐公美，为什么别人都说我比徐公美呢？他终于悟出了道理：妻子说我美，是因为妻子对我偏爱；妾说我美，是因为惧怕我；客人说我美，是因为有求于我。邹忌由此联想到一国之君所受的蒙蔽就更多了。

于是他上朝去见齐王，对齐王说："我确实知道自己不如徐公美，但我的妻子偏爱我，妾惧怕我，朋友有求于我，因此都说我比徐公美。如今大王的左右仆人和宫里的后妃没有一个不偏爱大王的，满朝大臣没有一个不惧怕大王的，四境之内的百姓没有一个不有求于大王的！这样看来，大王所受的蒙蔽实在是太厉害了！"

齐王听了以后说："你说得对！"于是下令："今后无论官员百姓，凡能当面指出我过失的，受上等赏赐；凡能上书批评我过失的，受中等赏赐；凡能议论我的不是而让我听到的，受下等赏赐。"命令一发出，群臣纷纷进言上书。齐王闻过必改，励精图治，国势由此大振，燕、赵、韩、魏等国都派使臣来朝拜。

逻辑分析

在以上案例中，邹忌在进谏时，通过自己的生活环境与齐王的生活环境的类比，推测因为仆人及后妃偏爱、群臣惧怕、百姓等有求于齐王而不敢直言进谏。齐王听后大悟，虚心采纳了邹忌的意见，使齐国强盛起来。

[逻辑案例5　　唐公智断偷瓜案]

据《益智编》记载，明朝时，冠氏县有一个妇女路过瓜园，顺手摘了一个瓜给小孩吃。瓜主发现后，抓住了她，把她送到县衙门。瓜主想：偷一个瓜也不能治罪呀！怎么办？他灵机一动，便自己摘了30多个瓜，送到官府，诬告是妇女摘的。在大堂上，瓜主一口咬定妇女偷摘了她30多个瓜，被他抓住，人赃俱获。妇女一面流泪，一面叫冤。县令唐公问瓜主："妇人偷瓜时带了什么样的筐子、篮子？"瓜主说："她没带东西。""那好，现在你抱着孩子，把地上30多个瓜捡起来！""什么？我抱孩子捡瓜……"瓜主慌了。"还不快捡！"唐公大喝一声。瓜主抱着孩子还没捡上来10个瓜，就抱不住了。唐公哈哈一笑，对瓜主说："你连10个瓜都捡不起来，她怎么能偷你30多个瓜呢？"瓜主连忙承认是有意诬告。

逻辑分析

在以上案例中，县令唐公侦破此案，用的是类比推理。瓜主与妇女都是大人，不用筐子、篮子，抱着小孩，这都是共有属性，瓜主还具有"一人无法抱住30多个瓜"的属性，所以，那个妇女也应该具有"一人无法抱住30多个瓜"的属性，即妇女不可能偷摘30多个瓜。

[逻辑案例6 欧伦斯庇格巧对店主]

文学家欧伦斯庇格有一天到饭店里去吃饭，店主的肉还没有烤好。于是，他便走到一边，吃了不少干面包。吃饱之后，他坐到火边，转动烤肉叉，一直把肉烤熟。当烤肉端上餐桌的时候，店主请他上桌就餐。他随意答道："烤肉的时候，我闻味儿都闻饱了。"说完之后便坐在炉边打盹儿。客人们吃完饭后，店主便拿着托盘向他收肉钱。他惊诧道："我并没有吃肉，为什么要付钱？"店主皮笑肉不笑地说："掏钱吧！你不是说你闻肉味都闻饱了吗？所以你也应该付出与在座的吃肉的人一样多的钱。"欧伦斯庇格听店主这么说，也不和他辩解，只是掏出一枚银币，"砰"的一声扔到长凳上，笑着对店主说："你听到钱声了吗？我的银币的声音正好够付我闻了你肉味的钱。"店主无话可说。

逻辑分析

在以上案例中，文学家欧伦斯庇格就是用类比推理的方法回击了店主的诡辩伎俩。

[逻辑案例7 巴尔的摩命案]

20世纪70年代初，在美国马里兰州巴尔的摩市，一位名叫艾丽丝·西格的妇女从她的离地61米高的房顶阳台上落地身亡。邻居都认为她是忍受不了丈夫经常的殴打而跳楼自杀的，警方也准备听信这种说法。那位丈夫却声称妻子的死是一次意外。"她当时正在摆弄出了故障的空调，"他说，"从阳台栏杆上失足坠楼。"后来警方获悉西格先生是他妻子10万美元保险单的受益人，而且如果当事人自杀，保单将失效。于是他们不得不展开深入的调查。一位法医科学家根据那位48岁妇女的身高和体重，动手做了几个一模一样的假人模特，又安排了一台摄像机。那几个假人模特分别被从那座阳台上跌下、推下和扔下。摄像机摄录的结果表明，假如西格夫人是因意外坠落，那么她的身体落地后距离楼房的墙脚不会超过3.2米；假如她是自己跳下去的，那么这个距离不会大于4.3米。而事实上，她的尸体被发现时离楼房有5米。面对这个证据，她的丈夫不得不供认是自己在酒后的狂怒状态下把妻子从阳台上扔了下去。

逻辑分析

在这个案例中，迫使那位丈夫招供的诀窍，就是使用模型类比推理，通过模型坠楼的情况来说明真人坠楼的真实情况。

[逻辑案例8　　长孙皇后劝谏]

据《贞观政要》载，唐太宗有一匹骏马，特别受他喜爱，长期在宫中饲养。有一天，这匹马无病而暴死。太宗大怒，要把马夫杀掉。这时，长孙皇后劝谏道："从前齐景公因为马死的原因要杀马夫，晏子控诉马夫的罪行说：'你把马养死了，这是第一条罪状；你使得国王因为马的原因杀人，老百姓知道了，必定怨恨国君，这是你的第二条罪状；诸侯知道这件事，必定会轻视我们国家，这是你的第三条罪状。结果齐景公赦免了马夫。陛下读书曾见过此事，难道你忘记了吗？"唐太宗听后，怒气全消，对皇后大加赞赏。

逻辑分析

现实中唐太宗的马死了，太宗要处死马夫；历史上齐景公的马死掉了，要处死马夫，这是何等相似的现象！长孙皇后巧妙地引用晏子谏齐景公杀马夫这一史实，应用类比的方法，使唐太宗从愤怒中清醒过来，放弃了自己错误的主张。

[逻辑案例9　　李载仁"罚"随从]

李载仁是唐王室李家的后人。他避乱到了江陵，在当地做了观察推官。李载仁不吃猪肉。一天他应邀出门，刚上马，他的两个随从吵架，双方动了手。李载仁大怒，要重重地处罚打架的两个人，急忙命人从厨房拿来大饼和猪肉，命令打架的两个人面对面地吃大饼夹猪肉，并且郑重其事地警告他们："以后如果再打架，还要加重处罚，猪肉里还要加上大油，叫你们也知道我的厉害！"

逻辑分析

在以上案例中，这个李载仁真是可笑得很，他自己不吃猪肉，就以己之所恶，推之于人，以为别人也不吃猪肉。他自己把吃猪肉看成是一件痛苦的事，就以为别人也是这样，所以才用吃猪肉来惩罚打架的随从。这就犯了"机械类比"的逻辑错误。

[逻辑案例 10   "大陆漂移说"]

"大陆漂移说"认为，地球上所有大陆在中生代以前曾经是统一的巨大陆块，称为泛大陆或联合古陆。中生代开始，泛大陆分裂并漂移，逐渐达到现在的位置。大陆漂移的动力机制与地球自转的两种分力有关；向西漂移的潮汐力和指向赤道的离极力。较轻硅铝质的大陆块漂浮在较重的黏性的硅镁层之上，由于潮汐力和离心力的作用，使泛大陆破裂并与硅镁层分离，而向西、向赤道作大规模水平漂移。

1620 年，英国人培根提出了西半球曾经与欧洲和非洲连接的可能性。1668 年，法国人 R. P. F. 普拉赛认为在大洪水以前，美洲与地球的其他部分不是分开的。到 19 世纪末，奥地利地质学家 E. 修斯注意到南半球各大陆上的岩层非常一致，因而将它们拟合成一个单一大陆，并称之为冈瓦纳古陆。

1910 年的某一天，魏格纳从地图中发现大西洋两岸大陆轮廓的凹凸非常吻合，他也认为以前各个大洲是连在一起的，于是从第 2 年起开始收集证据，如大西洋两岸的古生物化石、古气候证据、地层结构等，1912 年提出假说，即"大陆漂移说"：原先各洲连在一起，由于日月潮汐和地球自转的离心力而导致逐渐分离。这一学说遭到了很多人的抨击，特别是日月引力和潮汐力太小，无法推动广袤的大陆。于是他到格陵兰岛考察，结果 1930 年冻死在雪地里，第二年才被发现。随着魏格纳逝世，"大陆漂移说"几乎销声匿迹了。

20 世纪 50 年代，古地磁学进一步说明了大陆漂移的可能性。1965 年，科学家用计算机把各大洲依现有形状正好拼在一起。而且，海底地形、地震位置、火山等活跃部位都连接成带状，于是"板块构造说"应运而生。"大陆漂移—海底扩张—板块构造"理论问世了，"大陆漂移说"最终被认可。

大陆漂移的证据主要有：

（1）大西洋两岸的海岸线相互对应，特别是巴西东端的直角突出部分与非洲西岸呈直角凹进的几内亚湾非常吻合。

（2）大西洋两岸的美洲和非洲、欧洲在地层、岩石、构造上遥相呼应。例如北美纽芬兰一带的褶皱山系与西北欧斯堪的纳维亚半岛的褶皱山系相对应，都属早古生代造山带；非洲南端和南美阿根廷南部晚古生代构造方向、岩石层序和所含化石相一致。

（3）相邻大陆，特别是大西洋两岸古生物群具有亲缘关系。如巴西和南非石炭纪—二叠纪的地层中均含有一种生活在淡水或微咸水中的爬行类——中龙化石，而迄今为止世界上其他地区都未曾有发现。又如主要生长于寒冷气候条件下的舌羊齿植物化石广泛分布于非洲、南美、印度、澳大利亚、南极洲等诸大陆的石炭纪—二叠纪中。而这些大陆所在的气候带却不相同。

（4）石炭纪—二叠纪时，在南美洲、非洲中部和南部、印度、澳大利亚都发生过广泛的冰川作用。这些地区除南美洲和南极洲外，目前都处于热带或温带地区。与此同时，在北半球除印度以外的广大地区，并未找到确切的晚古生代冰川遗迹，相反却见到许多暖热气候的生物化石。这表明上列出现古冰川的诸大陆在当时曾经相连接，为一个统一的大陆。

（5）现代科学的发展为大陆漂移提供了更直接的证据；精确的大地测量的数据证实大陆仍在缓慢地持续水平运动；古地磁的资料表明许多大陆块现在所处的位置并不代表它的初始位置，而是经过了或长途或短途的漂移。

逻辑分析

以上案例就是一个科学假说。所谓假说，就是人们根据已有的事实材料和科学原理，对未知的事物或规律性所提出的一个假定性解释。科学假说具有如下特点：

第一，是以一定的事实材料和已知科学原理为根据的。这使它与迷信幻想、无知妄想相区别。

第二，具有想像、推测的性质。这使它与已经确认的科学理论（定律和原理）相区别。

第三，它具有科学预见的功能，是让人们的认识接近客观真理的方式之一。

一个科学假说，应该包括如下内容：

第一，必须要说明它所需要解答的问题是什么。也即说明存在着什么样的问题有待于人们去解决，亦即"要说什么"，例如"大陆漂移"。

第二，必须提出设想了什么样的理论去解答那些需要解答的问题。这是一个科学假说的核心内容，亦即"用什么说"，例如相关的科学解释。

第三，必须能够广泛地解释其他的相关事实和预测未知的事实，以表明被设想的理论具有较多的解释能力，亦即"怎么说"，例如大西洋两岸的证据。

[逻辑案例 11   富兰克林解雷电之谜]

壮观的雷电在古代一直是一个谜。第一个揭开这个谜的是美国科学家富兰克林。年轻的富兰克林在一次乘船去纽约的途中，一天夜间，一场大暴雨倾盆而下，伴随着一阵阵惊心动魄的电闪雷鸣。闪电如一条狰狞可怖的巨蛇舔舐着海面。雷声轰隆隆、闪电咔嚓嚓，仿佛要把这世界撕碎、震裂。而这艘漂浮在大海上的商船宛如屠夫刀下的一只瘦小脆弱的羊羔一样，随时会被随意蹂躏和宰割。船上的旅客个个吓得魂不附体而挤成一团。有个荷兰水手紧紧抱住富兰克林，面无血色，嘴里神经质地唠叨着："上帝发怒啦！上帝发怒啦！"富兰克林也被这一阵阵雷电的威力震慑住了，他从中感到了一种神秘的力量。这力量根源在哪里？是上帝？他有些不相信。他紧紧依偎着那个荷兰水手，度过了记忆中一个极其恐怖的黑夜。在离开纽约去费城时，富兰克林又遇到了一起雷电事件。他路过一个小店门口，看到一个满脸皱纹的老妇人为三只死羊哭得非常伤心。羊身上有烧灼的痕迹。围观者议论纷纷。有个老年人告诉富兰克林，这三只羊是拴在一棵大树下被雷电击死的。这位老人一边在胸前划着十字，一边咕哝着："不知上帝又要惩罚谁啦！"富兰克林看见人们对雷电充满恐惧感和神秘感，视雷鸣电闪为上帝之所为，一个从未有过的念头涌上心来：一定要揭开雷电之谜。从此他就将这个决心深深埋在心里，一直没有动摇。

1745 年，电学界传来了激动人心的新闻：德国的克莱斯特和荷兰的马森布罗克几乎同时发现了"莱顿瓶"和电震现象。第二年，一位名叫斯宾士的英国学者到波士顿讲学，表演了用莱顿瓶与几根供摩擦起电的玻璃棒等所做的电学实验。虽然实验并不完善，而且有些现象斯宾士本人也无法解释，但富兰克林观看后思路开阔了好多。这时已过 40 岁的富兰克林仍像年轻人那样兴致勃勃地问了斯宾士许多问题。不久，他的一位朋友、英国皇家学会会员科林逊从伦敦给他寄来一只莱顿瓶，并附有实验说明。他兴奋地马上模仿斯宾士的表演做起实验来，没多久就有了几项有价值的发现。有一次，他把几只莱顿瓶联在一起，想加大电容量。不料，他的夫人丽德不小心碰了一下莱顿瓶的金属棒，只听"轰"的一声，一团电火闪过，丽德应声倒地，脸色苍白，后来躺了一个星期。这个意外事件使富兰克林豁然开朗：那震耳欲聋的"电火"多么像空中的雷电啊！经反复思考，他断然作出如下假说：雷电与实验室里人工产生的电火一样是一种放电现象，都能产生光、声音，能点燃物体、熔解金属、破坏磁性、杀伤生物。几天后他将一篇论文《论天空闪电与吾人电气相同》寄往伦敦，大胆地宣布了自己的假说。这一学说遭到了一些学者的反对和嘲笑，但富兰克林相信自己的假说是正确的。他决心用事实来证明它的科学性，这便有了科学史上著名的捕捉雷电的"风筝实验"。怎样来证明天电和人工电在本质上相同呢？富兰克林想到了孩子们玩的风筝：如果雷雨天在空中放风筝，天上雷电就会沿湿风筝线传导下来。虽然这是非常危险的事，但为了真理他无所畏惧。

1752 年 7 月的一天，暴风雨即将来临，天空乌云滚滚，雷声隆隆。富兰克林和他的儿子威廉·富兰克林带着风筝和莱顿瓶来到费拉尔德菲亚城的野外。风筝是菱形的，用一块白色的大丝绸帕做成，这样更容易看清楚。他还在风筝的十字形骨架上装上金属丝用以导电。风筝用麻绳牵引。儿子握着线团，富兰克林拿着风筝，注视着雷电的来到。一会儿，雷声越来越近，狂风呼啸着把一团团乌云疾卷而过。富兰克林赶紧把风筝顺势抛向空中，大声喊道："跑！"小威廉在旷野上拼命奔跑起来。风筝扶摇直上，升到空中。此时雷电交加，大雨倾盆而下。富兰克林追上威廉，从他手中接过风筝线，推他躲进一个茅草棚里。

富兰克林掏出一把铜钥匙系在风筝线的末端。风筝穿入带有雷电的云层。但十分钟过去了，什么也没有发生。儿子沉不住气了："爸爸，恐怕这次是白费工夫了。""我们还不能放弃！"富兰克林答道。突然，一道闪电掠过，有一段风筝线的纤维直立起来，似乎被一种看不见的力量拉动着。富兰克林把手靠近铜钥匙，顷刻间钥匙上射出一串火花。富兰克林惊叫起来："威廉！我受到电击了！我们终于证明了，闪电就是电！"非常幸运，这次传下来的闪电较微弱，富兰克林没有受伤。杰出的预言被证实了，闪电确实是一种放电现象，与室内电火花一样。雷电之谜揭开了！富兰克林顾不得危险，他用一张丝绢裹住已湿透的风筝线，让钥匙直接向莱顿瓶充电。威廉看到瓶上电花闪烁，高兴得睁大了眼睛。小伙子还不知道，那震撼山岳的雷霆随时都有可能落在他们头上。事后，富兰克林用莱顿瓶收集的天电进行一系列实验，证明它的性质同使用发电机产生的电完全相同。他怀着激动的心情，记下了这次实验的结果："当带着雷电的云来到风筝上面的时候，尖细的铁丝立即从云中吸取电火，而风筝和绳索就全部带了电，绳索上的松散纤维向四周直立起来，可以被靠近的手指所吸引。当雨点打湿了风筝和绳索，以至于电火可自由传导的时候，你可以发现它大量地从钥匙上向你的指节流过来。可以通过这个钥匙使莱顿瓶充电，可以用所得的电火点燃酒精，也可以进行平常用摩擦过的玻璃球或玻璃管来做的其他实验。于是带着闪电的物体和带电体之间的相同之点，被显示出来了。"风筝实验的消息引起了全世界的轰动，富兰克林的电学假说至此得到证明和确认。

逻辑分析

以上案例就是一个科学假说的提出经过及其验证过程。

[逻辑案例 12　　晏子出使楚国]

晏子出使楚国，楚人因为晏子身材矮小，就在大门旁边开了一个小门迎接晏子。晏子并不上当，理直气壮地说："使狗国者从狗门入。"这里就有一个预设，即"如果我从这个小门进入，那么楚国就是一个狗国"。在这个条件下，晏子指出："今臣使楚，不当从此门入。"表面上听来，意思是说我不从这个门进去是因为楚国并不是狗国，似乎是在为楚国保全面子。潜台词却是说：你们要我从这个门进去就说明楚国是狗国。这是对楚人开小门迎接自己的一个有力的反击。

晏子见到楚王后，楚王先是嘲笑齐国没有人才，同时也是嘲笑晏子算不上人才，被晏子巧妙驳回。楚王一招不成又出一招，继续向晏子发难："然则何为使子？"晏子在回答这个问题时，同样给出了一个预设："齐命使各有所主。其贤者使使贤主，不肖者使使不肖主。"然后由此引申出派自己出使楚国的原因："婴最不肖，故宜使楚矣。"按照晏子的预设，任何人都可推导出最后结论：楚王即是最不肖主。

逻辑分析

以上案例包含了预设。预设通常指交流过程中双方共同接受的东西。共知性是预设理论十分关心的内容之一。什么是共知性？共知性指预设必须是交流双方所共有的背景知识或无可争议的信息。预设的共知性包括三种情况：

（1）预设是人所共知的信息。例如，太阳距离地球 1.5 亿千米。这句话至少可以推导出这样几点预设：①有一个叫"太阳"的星体；②存在着一个叫"地球"的星体;③这两个星体之间有一定距离。以上预设是一般人都知道的信息。

（2）预设是只为交流双方所共知的信息。例如,某两个同学之间说话以某本书的存在作为预设,那么就可能有下列对话:甲:借到了吗? 乙:没借到。此时若有第三个人在场,而他不知该预设的话,可能会说:什么没借到?

（3）可撤销性。这是指预设在一定条件下能够被取消。例如"小张没能看到那场压轴戏"通常具备如下预设:小张看了这次演出。但是如果说成"小张没能看到那场压轴戏,因为他已经住了医院",原先的预设就被撤销了。

[逻辑案例 13   钟会答嵇康]

三国时的大将军钟会去看望当时的名士嵇康,嵇康和向秀正在柳树下锻铁。向秀也是"竹林七贤"之一。嵇康对钟会的拜访并不理会,继续锻铁。钟会觉得没趣,于是悻悻地决定离开。嵇康在这个时候终于说话了,他问钟会:"何所闻而来,何所见而去?"钟会回答:"闻所闻而来,见所见而去。"

逻辑分析

以上案例包含了预设。嵇康的问话里预设了钟会是有所闻而来,也是有所见而去。钟会回答不出或者不想回答嵇康的问题,于是就说出了这个巧妙的答话。这个答话只是重述了嵇康问话的预设而没有其他的内容。

[逻辑案例 14   庞振坤智斗贼人]

庞振坤是清朝河南邓州人,有"中州才子"之誉。他秉性耿直、愤世嫉俗,常以嘲弄官宦、鞭挞豪强为乐事。因其才智过人,颇有心计,官府也拿他无可奈何。于是,有人想要设计陷害他。有一天,两个差役对庞振坤说:"你家养着的贼,偷了这一带财主的东西,现在在县衙候审。"

庞振坤一听,就知道是他得罪的财主要陷害他,而且估计贼不会认识他,于是就跟着走。在街上他向熟人要了一个纸盒,戴在头上,把脸盖住,只留着两只眼睛。来到大堂上,他对县官说:"因为家里养了贼,没脸见人,所以才用纸盒盖住。"县官问那贼:"这就是你的主人?"贼说:"是的,我在他家已经三年了。"这时,庞振坤问那贼道:"我庞振坤不出名,我这个庞大麻子可是远近闻名的,你在我家里 3 年了,你说我是大麻子还是小麻子？是黑麻子还是白麻子？"

那贼愣了一会儿，心想，好厉害的角色，那我就说个活络话来对付你！于是说："你这个麻子嘛，不大不小，不黑不白。"

这时，庞振坤取下纸盒来："县太爷，你看我脸上哪有麻子？"

原来，这贼是财主们买通的一个"二流子"，最后财主和这人均被治了诬陷罪。

逻辑分析

以上案例也包含了预设。在案例中，庞振坤巧用了一个虚假的预设"我脸上有麻子"。假如盗贼确实是庞振坤家养了多年的，那么就必然知道主人脸上是否有麻子。庞振坤料定盗贼不知道这一点，因而用了"我脸上是大麻子还是小麻子？是黑麻子还是白麻子？"这种复杂问语来询问对方。不管对方怎么回答都得承认这一虚假的预设："主人的脸上有麻子。"情况果然不出所料，对方的谎言便一触即破。

[逻辑案例 15   蒋子龙妙答艾伦·金斯伯格]

1982 年秋天，在美国洛杉矶举行了一次中美作家会议。在一次宴会上，美国诗人艾伦·金斯伯格请我国作家蒋子龙解个怪谜："把一只 5 千克的鸡装进一个只能装 1 千克水的瓶子里，您用什么办法把它拿出来？"

蒋子龙略加思索，便回答说："您怎么放进去的，我就怎么拿出来。您显然只凭嘴一说，就把鸡装进了瓶子，那么，我就用语言这个工具，再把鸡拿出来。"金斯伯格说："您是第一个猜中这个谜语的人。"

逻辑分析

以上案例中包含了预设。在案例中，美国诗人艾伦·金斯伯格的问话中有一个虚假的预设"有一个方法：能把一只 5 千克重的鸡装进一个只能装 1 千克水的瓶子里"。蒋子龙没有点破反而承认这个虚假的预设，并且指出按照对方的虚假预设就可以把鸡拿出来。

[逻辑案例 16   中学生机警用预设揭露冒领者]

20 世纪 70 年代的一天，在杭州西湖边，有个中学生拾到一只皮夹子，拉开看了看，正欲交给民警，忽然有个中年男子箭步上前，说："好同学，谢谢你，这皮夹子是我的。"

中学生机警地问道："里边有多少钱？有几张 10 元一张的票子？"

男子答："哦，大概有四五张。"

中学生拉开给他看，只有 4 张 5 元的票子。

中年男子："哦……我记错了，里面还有粮票。"

"多少斤？是全国的还是浙江的？"

中年男子答道："不是全国的，是浙江的。"

中学生轻蔑地一笑，当众把粮票拿出来："这些都是山东的，没有一张是全国的，也没有一张是浙江的。"

这个中年男子原来是个冒领者，被揭露后，只得在众人的奚落声中，红着脸离去。

逻辑分析

以上案例包含了预设。在案例中，中学生机警地用两个虚假的预设"钱包里有 10 元一张的票子"和"或者是全国粮票或者是浙江粮票"，使中年男子露出了他本来的面目。

8.2　教材练习题及其答案

[教材练习题]

一、下列类比推理是否正确？说明理由

1. 达尔文和他的表姐埃玛结婚，生了十多个子女，个个体弱多病，大女儿早亡，二女儿和两个儿子终生不育。后来，他在科学实验中发现异花受精的后代较优，而自花受精的后代较弱。由此，他进一步认识到自己的子女之所以体弱多病，原因正是近亲结婚。

2. 一位神学家说地球是太阳系的中心：太阳是被创造出来以照亮地球的，就像人们总是移动火把去照亮房子，而不是移动房子去被火把照亮一样。因此，只能是太阳围绕地球旋转，而不是地球围绕太阳转动。

3. 1935 年 5 月，红军抵达大渡河的安顺渡口。这里山石峻峭，地域狭小，部队没有回旋余地。七十多年前，太平天国将领石达开及其部队就是在这里全军覆没的。红军抵达大渡河时，蒋介石得意忘形地叫嚣：红军前有大渡河，后有金沙江，插翅难飞，只有做第二个石达开了。

二、分析以下假说的形成、验证结果

1. 某市区地面下沉，考察其原因，人们提出了不少设想：①海面水位升高了；②高层建筑压力的结果；③大量抽取地下水的结果。经过调查：海平面水位没有逐年升高；也不是高层建筑的压力。前两种假说都不成立。如果第三种设想成立，则抽水多年的地面下降得最快，抽水多的地区下降最明显。事实也正是如此，于是第三种设想成立。

2. 人们很早就发现，在黑夜里，蝙蝠能快速飞行而不会撞在障碍物上。对这个现象该如何解释呢？生物学家根据已有知识（如动物的眼睛是发现近远处障碍物的感官）提出一个假说：蝙蝠能在黑夜避开障碍物是由于它有特别强的视力。由这个假说可以推知：如果将蝙蝠的眼睛蒙上，它就会撞到障碍物上。科学家们设计了一个实验：在一个暗室中系上许多纵横交错的钢丝，并在每条钢丝上系一个铃，将蒙上眼睛的蝙蝠放在暗室里飞行。结果没有听到蝙蝠撞上钢丝而引发的铃声。这样，假说便被推翻了。

3. 早在伽利略时代，人们就知道吸水泵提水最高处只能离水 34 英尺（注：1 英尺 = 30.48 厘米）。为什么会这样呢？伽利略的学生托里拆利提出一个假说：提水的高度是大气本身的重量施加于水面的全部压力的结果。为了检验这一假说，托里拆利进行了这样的推理：如果他的猜测正确，那么大气的压力应当也能够支持住一条按比例相应缩短的水银柱。由于水银的比重约为水的 14 倍，水银柱的高度应为 34 英尺的 1/14，亦即略短于 2.5 英尺。他用一种极为巧妙的简单玻璃装置检验了这一推论。这种装置实际上就是水银气压计。方法：在玻璃管中装满水银后，用拇指紧紧压住管口，再将玻璃管倒置，其开口端浸入水银池中，然后撤去压住管口的拇指。此时，管中的水银柱即下降到 30 英寸（注：1 英寸 = 2.54 厘米）的高度（约 2.5 英尺）——刚好是托里拆利的假设所预计的高度。对于托里拆利的假说，法国科学家帕斯卡提出该假说的另一条检验推论：如果托里拆利气压计中的水银柱是由敞口水银池上方的空气压力所平衡的话，那么水银柱的高度将随着气压计位置的增高而减小，因为该时在其上方的空气压力将变得较小。为了证实这个推论，帕斯卡请他的姻兄弟佩里在多姆山山脚下先测量了托里拆利气压计的水银柱高度，然后又将整个装置小心翼翼地带到约 4 800 英尺高的山顶上再重复进行测量，结果发现气压计的水银柱的高度比在山脚下量得的高度要短 3 英寸以上，而山脚下的作对照用的气压计的水银柱高度在进行实验的一整天内都没有发生明显的变化。由此，托里拆利的假说得到了证实。

三、指出以下语句中所包含的预设

1. 张海晚上吃饭了吗？

2. 如果是学生，就应该好好读书。

3. 上帝是全智全能全善的。

4. 请关上窗户！

5. 室内禁止吸烟！

四、分析判断题

1. 乐乐和明明是一对孪生兄弟，刚上小学二年级。一次，他们的爸爸带他们去密云水库游玩，看到了野鸭子。明明说："野鸭子吃小鱼。"乐乐说："野鸭子吃小虾。"哥俩说着说着就争论起来，非要爸爸给评评理。爸爸知道他们俩说的都不错，但没有直接回答他们的问题，而是用例子来进行比喻。说完后，哥俩都服气了。

以下哪项最可能是爸爸讲给儿子们听的话？

A. 一个人的爱好是会变化的。爸爸小时候很爱吃糖，你奶奶管也管不住，到现在，你让我吃我都不吃。

B. 什么事儿都有两面性。咱们家养了猫，耗子就没了。但是，如果猫身上长了跳蚤，也是很讨厌的。

C. 动物有时也通人性。有时主人喂它某种饲料，它吃得很好。而若是陌生人喂，它怎么也不肯吃。

D. 你们兄弟俩的爱好几乎一样，只是对饮料的喜好不同。一个喜欢橙汁，一个喜欢雪碧。其实，橙汁、雪碧都可以。

2. 电冰箱的问世引起了冰市场的崩溃，以前人们用冰来保鲜食物，现在电冰箱替代了冰。同样道理，由于生物工程的成果，研究出能抵抗害虫的农作物，则会引起什么后果？

以下哪项是对上述问题的最好回答？

A. 化学农药的需求减少。　　C. 增加农作物的产量。

B. 增加种子成本。　　　　　D. 农田的价值下降。

3. 上一次引进美国大片《廊桥遗梦》，仅仅在滨州市放映了一周时间，各影剧院的总票房收入就达到了 800 万元。这一次滨州市又引进了《泰坦尼克号》，准备连续放映 10 天，1 000 万元的票房收入应该能够突破。根据上面所包含的信息，分析上述推断最可能隐含了以下哪项假设？

A. 滨州市很多人因为映期时间短而没有看上《廊桥遗梦》，这一次可以得到补偿。

B. 这一次各影剧院普遍更新了设备，音响效果比以前有很大改善。

C. 这两部片子都是艺术精品，预计每天的上座率、票价等非常类似。

D. 连续放映 10 天是以往比较少见的映期安排，可以吸引更多的观众。

4. 室内荧光灯的连续照射对患有先天性心脏病的仓鼠的健康有益，一群暴露在荧光灯连续照射下的仓鼠，其平均寿命比另一群同种但生活在黑暗之中的仓鼠长 25%。上面描述的研究方法最适合回答下列哪一项问题？

A. 阳光照射或荧光灯照射对产业工人的工作也有那么大影响吗？

B. 医院的光照疗法被证明对病人的恢复有促进作用吗？

C. 深海鱼种怎能在漆黑一片中得以生存？

D. 仓鼠患的是什么遗传病？

教材练习题答案

一、下列类比是否正确？说明理由

1. 正确。人和花都属于生物，具有可比性。

2. 不正确。属于机械类比。人移动火把照亮房子与太阳、地球的转动缺乏可比性。

3. 不正确。属于机械类比。两支部队具有根本不同的性质。

二、分析以下假说的形成、验证结果

1. 假说：某市区地面下沉，可能是因为海平面水位升高，或者是高层建筑压力的结果，或者是大量抽取地下水的结果。

海平面水位升高，或者高层建筑压力的结果都被否定，所以可能是大量抽取地下水的结果。

如果市区地面下沉是由于大量抽取地下水，那么抽水多年的地面下降得最快，抽水多的地区下降最明显。

应用了选言推理和假言推理。经过实地考察，直接验证结果。

2. 假说：蝙蝠能在黑夜里避开障碍物是由于它有特别强的视力。利用了假言推理。经过直接验证，该假说被推翻。

3. 假说：提水的高度是大气本身的重量施加于水面的全部压力的结果。应用了假言推理。这个假说通过了直接验证，被确定为真。

三、指出以下语句中所包含的预设

1. 预设有"张海"、"晚上"、"吃"、"吃饭"。

2. 预设有"学生"、"读书"。

3. 预设有"上帝"、"全智全能全善"。

4. 预设有"窗户"、"窗户开着"。

5. 预设有"室内"、"吸烟"。

四、分析判断题

1. 选择D。应用类比推理，只有D符合。

2. 选择A。应用类比推理。

3. 选择C。因为C是题干所做类比推理所必需的前提，即这两部片子的重要相似之处。

4. 选择B。应用类比推理。

8.3 扩展训练题及其答案

[扩展训练题]

一、单项选择题

1. 类比推理是一种（　　）。

A. 必然性推理　　　　　　B. 归纳推理

C. 演绎推理　　　　　　　D. 或然性推理

2. 类比推理的思维进程是（　　）。

A. 由一般性知识为前提推出特殊性知识为结论

B. 由特殊性知识为前提推出特殊性知识为结论

C. 由特殊性知识为前提推出一般性知识为结论

D. 由个别性知识为前提推出一般性知识为结论

3. 类比推理使用不当容易犯的逻辑错误是（　　）。

A. 机械类比　　　　　　　B. 以偏概全

C. 大项扩大　　　　　　　D. 偷换论题

4. 类比推理与简单枚举归纳推理（　　）。

A. 同属演绎推理

B. 前者为归纳推理，后者为演绎推理

C. 前者为必然性推理，后者为或然性推理

D. 同属或然性推理

5. 类比推理的前提和结论之间的关系是（　　）。

A. 前提蕴涵结论

B. 前提不蕴涵结论

C. 由前提真能推出结论必真

D. 由前提假能推出结论必假

6. 假说是对未知事物或规律性的（　　）。

A. 可靠认识　　　　　　　B. 自由想像

C. 假定性解释　　　　　　D. 主观臆断

7. 类比推理与演绎推理的不同之处在于（　　）。

A. 结论性质不同

B. 前者的结论是必然性的，后者的结论是或然性的

C. 前者是由个别推出一般，后者是由个别推出个别

D. 前者的前提蕴涵结论，后者的前提不蕴涵结论。

8. 预设指在话语交流中（ ）。

A. 仅仅听话者知道的信息

B. 交流双方共知的信息

C. 仅仅说话者知道的信息

D. 交流双方都不知道的信息

二、多项选择题

1. 类比推理的两个类比对象可以是（ ）。

A. 两个类

B. 两个个体

C. 不具有相同或相似属性的对象

D. 一类与另一类的个体

E. 一类与另一类的特殊类

2. 类比推理的结论是（ ）。

A. 不完全可靠的　　　　B. 完全可靠的

C. 完全不可靠的　　　　D. 可能可靠的

E. 可能不可靠的

3. 类比推理是（ ）。

A. 从一般到一般的推理

B. 从一般到特殊的推理

C. 从特殊到一般的推理

D. 从特殊到特殊的推理

E. 从个别到个别的推理

4. 在应用类比推理时，（ ）。

A. 前提中确认的类比对象间相同（或相似）的属性愈多，结论的可靠性程度愈大

B. 前提中确认的类比对象间相同（或相似）的属性愈少，结论的可靠性程度愈大

C. 前提中确认的类比对象间相同（或相似）的属性愈接近本质，结论的可靠性程度愈大

D. 前提中的相同（或相似）属性与推出属性间的关系愈密切，结论的可靠性程度愈大

E. 前提中的相同（或相似）属性与推出属性间的关系愈疏远，结论的可靠性程度愈小

5. 假说的特点是 （　　）。

A. 以事实材料和科学原理为依据

B. 具有必然可靠性

C. 具有推测性

D. 成为人的认识接近客观真理的一种方式

E. 不需要继续接受验证

6. 类比推理与简单枚举归纳推理的相同之处是 （　　）。

A. 由特殊到一般的推理　　B. 结论是不完全可靠的

C. 前提不蕴涵结论　　　　D. 由一般到特殊的推理

E. 结论不是从前提中必然得出的

7. 假说的形成过程包括以下内容：（　　）。

A. 假说的提出　　　　　　B. 假说的选择

C. 假说的修正补充　　　　D. 事实验证

E. 确立假说

8. 预设的特征有：（　　）。

A. 是没有直接表达的语句

B. 是隐含表达的语句

C. 是交流双方都能够理解的背景知识

D. 预设为真是确保"显前提"具有逻辑真值的必要条件

E. 预设是只有说话者才知道的信息

三、试分析下列类比推理是否正确？为什么？

1. 我国的浙江省与美国加利福尼亚州的地形、水文、土壤、气候等条件很相似。浙江省可种植黄岩柑橘，所以加利福尼亚州也可以引种这种柑橘。

2. 社会达尔文主义者认为，生物界存在生存竞争，资本主义社会存在自由竞争。生物界的生存竞争是自然规律，所以，资本主义的自由竞争也是合理的。

3. 第二次世界大战期间，前苏联科学家根据对地鼠钻洞的仔细观察，推想到如果有一种机器能和地鼠相似，就能大大提高挖洞效率，后来他们便发明了一种挖洞机，每小时能挖洞 120 米。

四、分析以下事例，回答：

（1）提出什么假说？

（2）提出假说时运用了什么推理？

（3）验证假说用的是什么方法？

上海从 1921 年起，地面逐渐下沉。到 1935 年，下沉最严重的地区下沉了 2.37 米。那么地面下沉的原因是什么呢？上海水文地质大队经调查发现：纺织厂比较集中的几个工业区沉降量很大。纺织厂凿井多，地下水用量大。经进一步调查后又发现：深井越多，地下水用得越多，地面沉降也就越快。于是调查人员提出这样的假说：大量抽取地下水是造成上海地面沉降的主要原因。根据这个假说可以推演出：如果这一假说成立，那么用水多的工业区一定比用水少的其他地区地面沉降多，而用水多的夏天一定比冬天沉降得多。这一经过逻辑推演得出的有待验证的结论，经过进一步的调查研究，终于得到了证实。

五、指出以下语句所包含的预设

1. 北方下雪了吗？

2. 请你到会议室去！

3. 黄爽的姐姐是一位演员。

4. 如果你考上了清华大学，我就给你买一台电脑。

六、分析判断以下各题，选择一个正确答案

1. "赵科长又戒烟了。"由这句话我们不可能得出的结论是：

A. 赵科长一直抽烟，且烟瘾很大。

B. 赵科长过去戒烟次数可能不止一次。

C. 赵科长过去的戒烟都没有成功。

D. 赵科长这次戒烟很难成功。

E. 赵科长这次戒烟一定能成功。

2. 艾森豪威尔烟瘾很大，烟斗几乎从不离手。某天，他宣布戒烟，立刻引起了轰动。记者们向他提出了戒烟能否成功的问题，艾森豪威尔回答说："我绝不第二次戒烟。"下面各项都可能是艾森豪威尔讲话的含义，除了：

A. 在这次戒烟以前，我从没有戒过烟。

B. 我曾经戒过烟，但失败了。

C. 如果这次戒烟失败，我就不再戒烟。

D. 我相信这次戒烟一定能成功。

E. 我具有戒烟所需要的足够的意志和决断力。

3. 足球训练课上，小戴来晚了，教练问他："你怎么又迟到了？"以下哪项是教练提问的预设？

A. 小戴不喜欢上足球训练课。

B. 小戴迟到是有意的。

C. 这节足球训练课没有别的同学迟到。

D. 小戴迟到不是有意的。

E. 过去上足球训练课时小戴也迟到过。

4. 地球上之所以有生命存在，至少是因为具备了以下两个条件：一是因与热源保持一定距离而产生出适当的温差范围；二是这种温差范围恒定保持了至少 37 亿年以上。在宇宙的其他地方，这两个条件同时出现几乎是不可能的。因此，其他星球不可能存在与地球上一样的生命。

该论证以下面哪项为前提？

A. 一个确定的温差范围是生命在星球上发展的唯一条件。

B. 生命除了在地球上发展外不能在其他星球存在。

C. 在其他星球上的生命形式需要像在地球上的生命形式一样的生存条件。

D. 对于为什么生命只在地球上出现而不在其他星球上出现尚无满意解释。

5. 某市繁星商厦服装部在前一阵疲软的服装市场中打了一个反季节销售的胜仗。据统计，繁星商厦皮服的销售额在 6、7、8 三个月连续成倍数增长，6 月 527 件，7 月 1 269 件，8 月 3 218 件。市有关主管部门希望在今年冬天向全市各大商场推广这种反季节销售的策略，力争今年 11、12 月和明年 1 月全市的夏衣销售能有一个大突破。

以下哪项如果为真，能够最好地说明该市主管部门的这种希望可能会遇到麻烦？

A. 皮衣的价格可以在夏天一降再降，是因为厂家可以在皮衣淡季的时候购买原材料，其价格可以降低 30%。

B. 皮衣的生产企业为了使生产销售可以正常循环，宁愿自己保本或者微利，把利润压缩了 55%。

C. 今年夏天繁星商厦的冬衣反季节销售并没有使该商厦夏衣的销售获益，反而略有下降。

D. 根据最近进行的消费者心理调查的结果，买夏衣重流行、买冬衣重实惠是消费者的极为普遍的心理。

6. 一般人总会这样认为，既然人工智能这门新兴学科以模拟人的思维为目标，那么，就应该深入地研究人的生理机制和心理机制。其实，这种看法很可能误导这门新兴学科。如果说，飞机发明的最早灵感是来自于鸟的飞行原理的话，那么，现代飞机从发明、设计到不断改进，没有哪一项是基于对鸟的研究之上的。上述议论，最可能把人工智能的研究，比做以下哪项？

A. 对鸟的飞行原理的研究。

B. 对人思维的生理机制和心理机制的研究。

C. 飞机的设计制造。

D. 飞机的不断改进。

7. 南京: 江苏

A. 石家庄: 河北　　B. 渤海: 中国　　C. 泰州: 江苏　　D. 秦岭: 淮河

8. 锅: 灶具

A. 钢铁: 金属　　B. 水: 江河　　C. 玻璃: 门窗　　D. 房屋: 树木

9. 老鼠: 耗子

A. 铁器: 石器　　B. 荷花: 莲花　　C. 苹果: 水果　　D. 西瓜: 香瓜

10. 成功: 失败

A. 勤奋: 成功　　B. 懒惰: 失败　　C. 艰苦: 简陋　　D. 简单: 复杂

11. 香蕉: 水果

A 高山: 天山　　B 树枝: 树木　　C 黄梨: 香梨　　D 桌子: 家具

扩展训练题答案

一、单项选择题

1. D　2. B　3. A　4. D　5. B　6. C　7. A　8. B

二、多项选择题

1. A、B、D、E　2. A、D、E　3. D、E　4. A、C、D　5. A、C、D

6. B、C、E　7. A、B、C、D　8. A、B、C、D

三、试分析下列类比推理是否正确？为什么？

1. 正确。推理过程如下：

浙江省具有某种地形、水文、土壤、气候等条件，并且适合种植柑橘；

美国加利福尼亚州也具有这种地形、水文、土壤、气候等；

所以，美国加利福尼亚州也适合种植柑橘。

2. 错误。机械类比。人类社会与生物界有很大差异。

3. 正确。这是类比推理的模拟作用。

四、（标题略）

（1）大量抽取地下水是造成上海地面沉降的主要原因。

（2）演绎推理：

深井越多，地下水用得越多，地面沉降也就越快；

纺织厂凿井多，地下水用量大；

所以，纺织厂比较集中的几个工业区沉降量很大。

（3）直接验证方法：调查研究。

五、指出以下语句所包含的预设

1. 预设有"北方"、"下雪"。

2. 预设"你"、"会议室"。

3. 预设"黄爽"、"黄爽的姐姐"、"演员"。

4. 预设"你"、"清华大学"、"我"、"买"、"电脑"。

六、分析判断以下各题，选择一个正确答案

1. 答案是 E。题干"赵科长又戒烟了"，预设了：①赵科长抽烟；②赵科长过去戒过烟；③赵科长以往的戒烟没有成功。选 A、B、C、D，或直接就是题干的预设，或是可以从预设中推出，只有 E 和题干及其预设没有推断关系。

2. 答案是 B。"我绝不第二次戒烟"没有预设"我曾经戒过烟，但失败了"。

3. 答案是 E。"过去上足球训练课时小戴也迟到过"是教练问话的预设。

4. 应选 C。C 是题干论证所依据的类比推理所必需的前提。

5. 应选 D。题干中主管部门的建议根据了一个类比推理：既然在夏季反季节销售冬装取得了成功，那么在冬季反季节销售夏装也应该取得成功。二者都是反季节销售，既然该销售行动在夏季获得了成功，在冬季也应该获得成功。选项 D 指出夏季销售冬装与在冬季销售夏装有一个根本的不同，那就是消费者"买夏衣重流行、买冬衣重实惠"的普遍心理，因此，建议者犯了"机械类比"的逻辑错误，其希望自然也会遇到麻烦。

选项 A、B 只是指出夏季反季节销售冬装成功的原因，C 指出题干的结论不真实，均未说明类比推理的错误。

6. 应选 C。人工智能模拟人的思维，深入研究人的生理机制和心理机制是误导；飞机设计来源于鸟的飞行原理，现代飞机从发明、设计到不断改进，没有哪一项是基于对鸟的研究之上的。

7. 选 A。石家庄：河北，题干是：南京：江苏。省会城市与省名。

8. 选 A。"锅：灶具"对应"钢铁：金属"。

9. 选 B。题干"老鼠：耗子"指同一种对象，"荷花：莲花"也是同一种对象。

10. 选 D。题干"成功：失败"是一对反义词，"简单：复杂"也是一对反义词。

11. 选 D。题干"香蕉：水果"是种属关系，"桌子：家具"也是种属关系。

第 9 章 论证

论证是用若干真实判断确立另一个判断真实性或虚假性的思维过程。论证包括两种形式：证明和反驳。论证中综合运用了概念、判断、推理等思维形式，论证的三个基本要素是：论题、论据和论证方式。论题是需要确立真假性的判断，论据是用来确立论题真假性的判断，论证方式主要指从论据到论题的推理形式。根据论证方式的不同，可以将论证分为演绎论证（证明或反驳）和归纳论证（证明或反驳）。

辩论是常见的论证活动。辩论中的任一方既要确立自己论题的真实性，又要揭露对方论题的虚假性，因此，辩论是证明和反驳、"立"和"破"的统一。辩论中要遵守论证的一般规则，也要重视双方思维活动的互动，特别是要善于发现和揭露对方论证中的谬误。

9.1 逻辑案例及其分析

[逻辑案例1   "低通货膨胀会使收入分配更加公平吗？"]
在社会经济生活中，各种现象是相互交织、相互作用、相互影响的。例如，收入分配、通货膨胀率、利率水平是现代社会中人们普遍关注的问题，许多人都认为这三者之间存在着内在联系。但是，很多人往往不能清楚地表达自己的观点，不懂得怎样论证自己的观点。实际上，表达观点和做出论证并不一定要使用高深的专业术语，明确的概念和恰当的论证形式才是最主要的。这里，我们来看看经济学家是怎样表达对通货膨胀和收入分配关系的看法的：①从长远看，低通货膨胀会使收入分配更加公平。②原因是，高收入者的部分收入增长源于利息收入的急剧提高。③而这种收入是对因通货膨胀引起的金融资产缩水的补偿。④它会随着通货膨胀率的下降而下降。⑤另一个原因是低通货膨胀下的购房能力的提高会使财富分配更加公平，因为有房者的数量扩大了。
问题：这个论证的论题是什么？它的论证结构是怎样的？

逻辑分析

其论题是①"从长远看低通货膨胀会使收入分配更加公平"。直接支持论题的是前提④和⑤，但是，④又是根据②和③得到的。因此，这个论证的结构可以用图表示为：

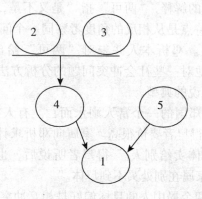

[逻辑案例 2　"国家的强弱与个人的地位息息相关"]

孙中山先生在一次讲演中，为了说明国家与个人的关系，讲了一个真实的故事：

南洋爪哇有一个财产超过千万的华侨巨商。有一天，他外出访友，却因未带夜间通行证和夜灯而无法返回家中。因为当地法令规定，华人夜出如无通行证和夜灯，一旦被荷兰巡警查获，轻则罚款，重则坐牢。出于无奈，他只得花一元钱，请一个日本妓女送自己回家。因为荷兰巡警不会问日本妓女的客人。

孙中山说："日本妓女虽然很穷，但是她的国家很强盛，所以她的地位高，行动也就自由。这个中国人虽然很富有，但他的祖国却不强盛，所以他连走路也没有自由，地位还不如日本的一个娼妓。如果国家灭亡了，我们到处都要受气。不但自己受气，子子孙孙都要受气啊！"

问题：这个故事支持的论题是什么？孙中山先生运用了什么论证方法？

逻辑分析

孙中山先生运用的这个事实，有力地支持了他的论题"国家的强弱与个人的地位息息相关"，这种用确凿的事例来说明论题的真实性的证明，就是事实证明，也称例证法。选择具有典型意义的事实来证明，往往比说其他任何道理都有说服力。人们常说"事实胜于雄辩"，就是这个道理。孙中山先生的话如同电击一般打在听众的心弦上，激起了强烈的共鸣。

[逻辑案例3   "两可"之说]

邓析是春秋时期的思想家，名家学派的创始人。他的"两可"之说不仅是他同当时儒、墨两家论争的逻辑工具，而且启发了惠施、公孙龙的"历物十事"、"坚白同异"之说，对名家的逻辑思想的发展有重要影响。按照鲁胜《墨辩注序》的解释，"两可"指"是又不是，可又不可"。这就是说，"两可"之说的特点是从相反的角度考察同一个问题，使两个表面上对立的论断均得以成立。邓析本人并未对"两可"给出直接的定义，他的"两可"之说体现于他对一些社会冲突问题的分析方法上。对"赎尸博弈"的分析是"两可"之说的典型。

有一年发大水，郑国的一个富人溺水而亡。有人得到其尸体，富人的家属想赎回尸体，但得尸者要价很高。家属向邓析求计，邓析说："不必着急，得尸者不会把尸体卖给别人。"得尸者听说后，也找到邓析。邓析说："不必着急，富人的家属在别处买不到尸体。"

"赎尸博弈"的两个局中人的目标偏好是相互冲突的，得尸者希望以尽可能高的价钱卖出尸体，家属想用尽可能低的价钱赎回尸体。两个局中人都看到彼此的目标偏好是相互冲突的，害怕目标冲突给自己造成大的损失；邓析则在目标冲突之外看到了局中人行动选择的依赖性：得尸者能否以高价卖出尸体有赖于家属是否接受这样的价钱，家属能否以尽可能低的价钱赎回尸体有赖于得尸者能否接受这样的价钱。以此为基础，邓析得出了让两者都放心的结论：每个局中人都可以根据自己的目标偏好与对方讨价还价，而不必因害怕目标冲突而放弃自己的目标偏好。

逻辑分析

在这个博弈中，"两可"的具体含义是两个相互冲突的目标偏好可以在一定程度上实现或满足。用博弈论的术语说，就是均衡。我们可以把"赎尸博弈"表示为一个策略型博弈，其中，得尸者有三个可行的行动：要高价、要中价、要低价；富人的家属（赎尸者）也有三个可行的行动：出高价、出中价、出低价。只有在出价高于（等于）要价时买卖才能成交，双方各有所得，否则双方均无所获。得尸者关于博弈结果的偏好顺序是：高价卖出、中价卖出、低价卖出、未成交；富人的家属关于博弈结果的偏好顺序是：低价赎回、中价赎回、高价赎回、未成交。根据双方的偏好顺序，"赎尸博弈"有以下效用矩阵：

	得尸者		
	要高价	要中价	要低价
赎 出高价	1，3	1，2	1，1
尸 出中价	0，0	2，2	1，1
者 出低价	0，0	0，0	1，1

这个博弈有三个纳什均衡：一个是（出中价，要中价），双方可以在讨价还价中达成一致的成交价格即中价，这是一个双赢结果；一个是（出高价，要高价），这是一个有利于得尸者的结果；一个是（出低价，要低价），这是一个有利于赎尸者的结果。

在具有多重纳什均衡的博弈中，哪一个均衡结果最有可能出现？这是均衡选择问题，答案在于局中人关于对方行动选择的认知状态。"赎尸博弈"中，如果赎尸者不能正确判断对方的行动选择，他就会因急于赎回尸体而出高价，（出高价，要高价）就最有可能出现；如果得尸者不能正确判断对方的行动选择，他就会因急于卖出尸体而要低价，（出低价，要低价）就最有可能出现。家属向邓析求计时邓析说"不必着急，得尸者不会把尸体卖给别人"的依据就在于存在均衡（出低价，要低价），如果家属相信邓析所说，他就不必因急于赎回尸体而出高价；邓析对得尸者说"不必着急，富人的家属在别处买不到尸体"的依据就在于存在均衡（出高价，要高价），如果得尸者相信邓析所说，他就不必因急于卖出尸体而出低价。

但是，邓析不是受雇于一方局中人的"谋士"或"法律顾问"，而是一个博弈分析家、一个法学家。他不是仅从一方的立场"出谋划策"，利用对方的疏漏给雇主赢得利益，而是从博弈双方的行动和目标的关系分析冲突的机制，为双方指出对方行动选择的条件。如果得尸者和赎尸者都相信邓析所说，他们就会在坚持自己的目标偏好的前提下与对方讨价还价，最终的结果将是双赢结果（出中价，要中价），它使目标冲突转化为合作。从博弈分析的社会意义看，这种转化尤为重要，它使得社会冲突可以通过商谈得以协调，使人们的交往行为可以在承认彼此利益差异的前提下得到规范。虽然从文献中看不到邓析对这个博弈的最终结果的看法，根据他在《无厚》篇中所言"故谈者，别殊类而不使相害，序异端而使不相乱"，我们不难得知，邓析以"两可"之说晓谕得尸者和赎尸者，就是要在肯定双方目标需求和理性的前提下，促使双方商谈、讨价还价，最终产生双赢结果。

[逻辑案例4 "质疑式"反驳]

在首届国际大专辩论赛中，有一场比赛的辩题是"发展旅游业利多于弊还是弊多于利"。正方的论题是"发展旅游业利多于弊"，反方的论题是"发展旅游业弊多于利"。在这场辩论中，正方的一辩是这样立论的：

"主席先生、评判先生、各位，今天的辩题是：发展旅游业利多于弊。我是正方，我将首先说明发展旅游业的定义。旅游基本上是一种吸引外国人来消费的行业，它的发展帮助国家赚取外汇。"

当轮到反方一辩发言时，他首先对上述定义提出质疑：

"听了对方同学的发言，我倒有几个问题想请教一下：第一，旅游、旅游业、发展旅游业是不是一回事？第二，旅游业是不是主要吸收外国旅游者的消费行业？"

问题：在上述辩论中，正方对于辩题的表述是否正确？他对："发展旅游业"的定义为什么会引出反方的质疑？

逻辑分析

这场辩论的辩题是"发展旅游业是利多于弊还是弊多于利"。正方的论题是"发展旅游业利多于弊"。正方一辩将自己的论题说成是辩论的辩题，不符合思维确定性的要求，违反了同一律。

正方没有分清旅游业和发展旅游业的关系，当他试图给"发展旅游业"下定义时，界定的却是"旅游业"。而且，这个界定局限于吸引外国人来消费和帮助国家赚取外汇，犯了"定义过窄"和"定义模糊"的逻辑错误。反方对这个界定的质疑是很有力度的，它不但击中了正方陈述的要素，而且动摇了正方论题得以成立的基础，使正方在辩论的第一回合就乱了方寸。这种"质疑式"反驳在辩论中是非常有效的武器。

[逻辑案例5 辩论中的论题分解]

在1999年国际大专辩论赛中，有一场比赛的辩题是"足球比赛引进电脑裁判有利大于弊还是弊大于利"。正方将自己的论题分解为"引进电脑裁判能使竞赛获得公正性"和"引进电脑裁判有利于裁判员更好地树立自信和威信"等观点，并且举出了一些具体事例：在女足世界杯比赛中，甲方球员在加时赛中的一记头球已经越过门线，但由于裁判员没有看清楚而未判进球有效。根据比赛规则，这次射门本来应使甲方以金球取胜的。在多年前的一场世界杯决赛中，英国球员的一记射门打在横梁上落到门线附近，裁判员判定这个球进了。而事后裁判员承认他当时并没有看清球是否越过了门线。通过这些事例，正方将"引进电脑裁判"之"利"形象生动地表现出来了，很好地确立了自己的论题。

逻辑分析

论证是辩论的最基本环节，它包括论题、论据和论证方式三个方面。在这场辩论中，正方将自己的论题合理地分解为相互关联的几个观点，并且用具体事例（论据）支持这几个观点，这是典型的例证法。虽然例证法是或然性论证，只能确定论据和论题的或然性联系而不能由论据真必然地推出论题真，但只要所选取的事例典型、生动而具有说服力，仍然可以起到很好的论证效果。在这场辩论中，正方举出的事例有力地显示了"在电脑裁判未被引进的比赛中许多判定是不公正的"，它确证了"引进电脑裁判会使比赛更加公正"这一观点，从而确立了自己的论题"引进电脑裁判利大于弊"，因为竞赛中最重要的因素就是公正性。

[逻辑案例6　　为什么"必要条件"是"有之未必然，无之必不然"？]

在首届国际大专辩论赛中，复旦大学和剑桥大学比赛的辩题是"温饱是否是谈道德的必要条件？"正方剑桥大学的一辩界定其论题时说："温饱是人最基本的衣食需要。温饱是谈道德的必要条件是说：我们不能脱离温饱而空谈道德。"随后二辩又补充说："大家知道，不吃饭我们怎么活着？不活着，我们怎么谈道德？"反方复旦大学的一辩对于上述界定和补充进行了反驳："我方认为，温饱不是谈道德的必要条件。有理性的人类存在，才是谈道德的必要条件。所谓必要条件，从逻辑上看，也就是有之未必然、无之必不然的意思，因此，我们今天只要论证好'没有温饱也能谈道德'就够了，而对方要论证的是没有温饱就绝不能谈道德。你们可不要故意违反逻辑呀！"

问题：在上述辩论中，正方关于其论题的界定和补充说明是否违反逻辑规律？反方关于"必要条件"的逻辑定义是否正确？反方为什么要强调"必要条件"是"有之未必然，无之必不然"？

逻辑分析

正方将"温饱是谈道德的必要条件"界定为不能脱离温饱而空谈道德，混淆了两者的逻辑关系，从前者可以推出后者，从后者却推不出前者。这样，正方就将其论题偷换为这个论题的逻辑推论，如果双方就"能不能脱离温饱而谈道德"展开辩论，正方显然处于上风，反方则处于完全被动的地位。因此，正方对论题的界定和补充说明是故意偷换论题，目的是使自已在辩论中处于有利的位置，这是辩论中扰乱对方思路的一种手法。反方识破了正方的意图，首先对辩题中"必要条件"一词做了正确的解释，进而明确了双方所要论证的是什么，起到了正本清源的作用。

在辩论比赛中，辩题的设计往往会使双方的论题有歧义性。明确论题的关键是识别辩题，只有准确理解辩题，才能确定立论的角度，设计出正确的辩论框架。在这个案例中，辩论双方围绕辩题的逻辑内涵展开的辨析表明了逻辑素养和逻辑知识在辩论中的重要性。辩论是批判性思维的表现形式，批判性思维的重要基础是健全的逻辑素养和基本的逻辑知识，这是本案例给予我们的启示。

[逻辑案例 7　有可疑特征的旅客就是毒品走私者吗？]

在某国际机场大厅，有一名旅客带着两只沉重的行李箱向某航空公司柜台走去。两名地方缉毒人员上前拦住了这名旅客，他们扣押了旅客及其行李，理由是怀疑旅客涉嫌走私毒品。然而，事后经检查发现，这名旅客的行李箱中并没有违禁物品。旅客因此起诉这两名缉毒官员滥用职务，对自己造成经济损失和身心伤害。在法庭上，被告辩称：他们当时上前拦检旅客，是基于一连串可疑的特征和情境决定的。他们的根据是：①这名旅客带着两个"旅行家"牌的行李箱，"看似一般毒品走私会带的标准行李箱"；②旅客当时"脸色紧张"，看着周围的人，仿佛要提防可能出现的警察；③行李挂牌上没有填写全名、住址和电话，只随便写了几个字在上面。原告反驳说，被告"怀疑"的根据，虽然有可能是毒品走私者的特征，但同样也有可能是无辜者的特征，被告对自己的拦检是不合法的、滥用职权的行为。

问题：在这个诉讼案中，被告（缉毒官员）是根据什么事实为他们拦检该旅客的行为辩护的？辩护中的推理有无逻辑错误？

逻辑分析

缉毒官员对自己的行为的辩护中包含一个三段论推理：

毒品走私者都有可疑的特征，

这名旅客具有可疑的特征，

因此，这名旅客是毒品走私者。

这个推理的中项："有可疑的特征"在大、小前提中不周延，犯了中项不周延的逻辑错误。原告对被告的反驳是有说服力的：他们所说的可疑的特征，虽然有可能是毒品走私者的特征，但同样可能甚至更有可能是完全无辜者的特征。

[逻辑案例 8　　肇事者是无辜的吗?]

在一起交通肇事案件的审理中，被告人的律师在法庭认定被告人系醉酒开车而且闯红灯的情况下，这样为其开脱：我的当事人虽然不是完全没有错，因为他醉酒开车而且闯红灯了，但是，他需要担负全家的生计，他的妻儿也在这里，你们看，他们的生活状况多么令人同情啊。这样的小老百姓对抗的却是全球闻名的汽车公司，该公司设计的车子的后座有瑕疵。没错，虽然这次车祸发生是没有人坐在后座，但是难保下次我的当事人的小孩还会像这次这样幸运，没有坐在后座上。

问题：律师的辩护中有什么样的谬误？

逻辑分析

律师在法庭认定被告人系醉酒开车而且闯红灯的情况下，无法根据法律和事实为其开脱，才用了"诉诸怜悯"的手法以期减轻罪责。

"诉诸怜悯"是非形式谬误中的一种，它的产生涉及论证的内容和论证的语境，目的是误导人们的思维，在同情心的驱使下失去分辨是非的能力，将错误当成真理。与"诉诸怜悯"类似的常见非形式谬误还有：离题谬误、诉诸权威、人身攻击、诉诸众人、诉诸无知、偶然谬误、窃取论题、模棱两可、双重论证、不当分割、不当组合、恶性抽象。

9.2　教材练习题及其答案

[教材练习题]

一、指出下列论证是证明还是反驳？它们的论题、论据和论证方式各是什么？

1. 有人不相信自学可以成才。其实，真正的人才，有许多都是自学成功的。比如，法拉第通过自学，从一个普通的实验员成为著名的物理学家；华罗庚初中毕业后失学，通过自学成为世界知名的数学家。这是因为，一个人学有成就根本上在于主观的努力。外在的环境条件，相对地说是次要的。

2. 我国现在的社会制度比旧时代的社会制度要优越得多。如果不优越，旧制度就不会被推翻，新制度就不会建立。

3. 因为这种幼稚的、低级的、庸俗的、不用脑筋的、形式主义的方法在我们党内很流行，所以必须揭破它，才能使大家学会应用马克思主义的方法去观察问题、提出问题、分析问题和解决问题，我们所办的事才能办好，我们的革命事业才能胜利。

4. 有人认为所有的哺乳动物都生活在陆地上，这种认识太可笑了。鲸就不生活在陆地上，而且鲸是哺乳动物。可见有些哺乳动物不是生活在陆地上的，换句话说，并不是所有的哺乳动物都生活在陆地上。

5. 有个口袋里装有绿、蓝、红三种颜色的玻璃球100只，这些玻璃球中至少有一种颜色的玻璃球不少于34只。如果"这些玻璃球中至少有一种颜色的玻璃球不少于34只"是假的，那么这三种颜色的玻璃球相加之和最多只有99只，这样就与给定的条件矛盾。所以，这些玻璃球中至少有一种颜色的玻璃球不少于34只。

二、分析下列论证有无逻辑错误？若有，属于什么错误？为什么？

1. 研究思维的科学是对人类有用的科学。因为逻辑学是对人类有用的科学，所以，逻辑学是研究思维的科学。

2. 文艺广播站为实现四个现代化服务，这是当前需要解决的认识问题。我们广播站曾就这个问题展开讨论。有的同志认为只需要唱得热闹、有腔有调，什么节目都可以，用不着过问内容。多数同志不同意这种观点。经过讨论，大家一致认识到，文艺为实现四个现代化服务，这是必须坚持的原则。

3. 我一定能完成学习任务，因为党和人民殷切希望我们学好，并且给我们创造了良好的学习条件。

4. 脑子用多了也会受到损害。因为人脑也是物质的。机器用久了会磨损，人脑也不例外。

5. 某人的话是不会错的，因为他是听他爸爸说的，而他爸爸是一个治学严谨、受人尊敬、造诣很深的、世界著名的数学家。

6. 人是能够认识世界的。因为人有认识世界的能力。而人之所以有认识世界的能力，就是因为人能认识世界。

7. 甲、乙两个人喜欢辩论。一天，他们辩论起"爸爸和儿子哪一个更聪明"的问题。

甲说：我可以证明爸爸一定比儿子聪明，因为创立相对论的是爱因斯坦，而不是爱因斯坦的儿子。

乙说：恰恰相反，这个例子只能证明儿子比爸爸强，因为创立相对论的是爱因斯坦，而不是爱因斯坦的爸爸。

三、指出下列诡辩的手法

1. 房客：我没法再忍受下去了！从屋顶上不停地往我房间里漏水！

房东：你还想怎么样？就凭你付的一点点房租，你难道还想漏香槟酒不成？

2. 在法庭上，被告一直把手放在口袋里，法官让他礼貌一些。他回答说："我简直不知道该怎么办！把手放在别人的口袋里，你们要抓我；把手放在自己的口袋里，你们又说我没有礼貌。"

3. 世间万物中，人是第一个可宝贵的。我是人，所以，我是世间万物中第一个可宝贵的。

4. 一个瘦子问胖子："你为什么长那么胖？"胖子回答："因为我吃得多。"瘦子又问胖子："你为什么吃那么多？"胖子回答："因为我长得胖。"

5. "作案者都有作案动机，你有作案动机，所以，你是作案者。"

四、分析判断题

1. 一项对某研究所研究人员的健康调查表明，80%的胃溃疡病患者都有夜间工作的习惯。因此，夜间工作易造成的植物神经功能紊乱是诱发胃溃疡病的重要原因。

以下哪项如果为真，将严重削弱上述论证？

A. 医学研究尚不能清楚揭示消化系统的疾病和神经系统的内在联系。

B. 该研究所的胃溃疡病患者近年来有上升的趋势。

C. 该研究所只有近 1/5 的研究人员没有夜间工作的习惯。

D. 该研究所胃溃疡病患者中有近 60% 患有不同程度的失眠症。

2. 某航空公司实行对教师机票六五折优惠，这实际上是吸引乘客的一种经营策略，该航空公司并没有实际让利，因为当某天航班的满员率超过 90% 时，就停售当天的优惠价机票，而即使在高峰期，航班的满员率也很少超过 90%。有座位空着，何不以优惠价促销它呢？

以下哪项如果为真，将最有力地加强上述论证？

A. 绝大多数教师乘客并不是因为票价优惠才选择该航空公司的航班的。

B. 该航空公司实施优惠价的 7 月份的营业额比未实施优惠价的 2 月份增加了 30%。

C. 实施教师优惠票价表示对教师职业的一种尊重，不应从功利角度对此进行评价。

D. 该航空公司各航班全年的平均满员率是 50%。

3. 加拿大的一位运动医学研究人员报告说，利用放松体操和机能反馈疗法，有助于对头痛进行治疗。研究人员抽选出 95 名慢性牵张性头痛患者和 75 名周期性偏头痛患者，教他们放松头部、颈部和肩部的肌肉，以及用机能反馈疗法对压力和紧张程度加以控制。其结果，前者有 3/4、后者中有 1/2 报告说，他们头痛的次数和剧烈程度有所下降。

以下哪项如果为真，最不能削弱上述论证的结论？

A. 参加者接受了高度的治疗有效的暗示，同时，对病情改善的希望亦起到了推波助澜的作用。

B. 多数参加者自愿合作，虽然他们的生活状况蒙受着巨大的压力。在研究过程中，他们会感觉到生活压力有所减轻。

C. 参加实验的人中，慢性牵张性头痛患者和周期性偏头痛患者人数选择不均等，实验设计需要进行调整。

D. 放松体操和机能反馈疗法的锻炼，减少了这些头痛患者的工作时间，使得他们对于自己病情的感觉有所改善。

4. 有人对某位法官在性别歧视类案件审理中的公正性提出了质疑。这一质疑不能成立。因为有记录表明，该法官审理的这类案件中 60% 的获胜方为女性，这说明该法官并未在性别歧视类案件的审理中有失公正。

以下哪项如果为真，将对上述论证构成质疑？

（1）在性别歧视案件中，女性原告如果没有确凿的理由和证据，一般不会起诉。

（2）一个为人公正的法官在性别歧视案件的审理中保持公正也是件很困难的事情。

（3）统计数据表明，如果不是因为遭到性别歧视，女性应该在 60% 以上的此类案件的诉讼中获胜。

A. 仅仅（1）。　　　　　B. 仅仅（1）和（2）。

C. 仅仅（1）和（3）。　　D. 仅仅（2）和（3）。

5. 有一种观点认为，到 21 世纪初，和发达国家相比，发展中国家将有更多的人死于艾滋病。其根据是：据统计，艾滋病毒感染者人数在发达国家趋于稳定或略有下降，在发展中国家却持续快速增长；到 21 世纪初，估计全球的艾滋病毒感染者将达到 4 000 万至 1.1 亿人，其中，60% 将集中在发展中国家。这一观点缺乏充分的说服力。因为，同样权威的统计数据表明，发达国家艾滋病毒感染者从感染到发病的时间要大大短于发展中国家，而从发病到死亡的平均时间只有发展中国家的 1/2。

以下哪项最为恰当地概括了上述反驳所使用的方法？

A. 对论敌的立论动机提出质疑。

B. 指出论敌把两个相近的概念当成同一概念来使用。

C. 对论敌的论据的真实性提出质疑。

D. 提出一个反例来否定论敌的一般性结论。

6. 股票市场分析家总是将股市的暴跌归咎于国内或国际的一些政治事件的影响，其根据是二者显示出近似的周期性。如果这种见解能够成立的话，我们完全有理由认为，股市的起落和月球的运转周期有关，正是它同时也造成周期性的政局动乱和世界事务的紧张，如同它引起周期性的潮汐一样。

以下哪项最为恰当地概括了题干作者对股票市场分析家的观点提出质疑时所使用的方法？

A. 他运用了科学技术的新发现来说明股市分析家的观点不成立。

B. 他援用了被普遍接受的观念来说明股市分析家的观点不成立。

C. 他指出了另一种因果关系，通过论证这种因果关系的成立来说明股市分析家的观点不成立。

D. 他从股票市场分析家的论证中引出了一个荒谬的结论，从而对他的观点提出质疑。

7. 根据男婴出生率，甲和乙展开了辩论：

甲：人口统计发现了一条规律：在新生婴儿中，男婴的出生率总是摆动于 22/43 这个数值而不是 1/2。

乙：不对，许多资料都表明，多数国家和地区，例如俄罗斯、日本、美国、德国，以及中国的台湾省都是女人比男人多。可见，认为男婴出生率总在 22/43 上下波动是不成立的。

试分析甲与乙的对话，指出下列选项哪一个能说明甲或乙的逻辑错误？

A. 甲所说的统计规律不存在。

B. 甲的统计调查不符合科学。

C. 乙混淆了概念。

D. 乙违反了矛盾律。

教材练习题答案

一、指出下列论证是证明还是反驳？它们的论题、论据和论证方式各是什么？

1. 论题是"自学可以成才"，论据是"法拉第通过自学成为物理学家"、"华罗庚通过自学成为数学家"。论证方式是归纳法，并指出了"成才的必要条件是主观的努力"，这强化了论据和论题之间的关联性。

2. 论题是"我国现在的社会制度比旧时代的社会制度优越得多"，论据是"旧制度被新制度取代"这一事实，论证形式是间接证明中的反证法。

3. 论题是"必须揭破这种幼稚的、低级的、庸俗的、不动脑筋的形式主义的方法"，论据是"这种方法在国内很流行"，"这种方法阻碍了我们观察问题、提出问题、分析问题和解决问题"，"阻碍了我们的革命事业"，论证方式是直接证明，即从论据出发，为论题的真实性提供正面的理由。

4. 这个论证是反驳"所有的哺乳动物都生活在陆地上的"，论据是"鲸是哺乳动物并且鲸不是生活在陆地上"，论证方式是直接反驳论题。

5. 论题是"100 只三种颜色的玻璃球中至少有一种颜色的球不少于 34 只"，论证方式是反证法，论据是"鸽笼原理"这一逻辑公理。

二、分析下列论证有无逻辑错误？若有，属于什么错误？为什么？

1. 错。论证中的三段论推理的中项不周延，因此从前提中推不出结论。

2. 错。犯了"循环论证"这种逻辑错误。

3. 错误。"党和人民殷切希望我们学习好、并且为我们创造了良好的学习条件"不是"我一定能完成学习任务"的充分条件，由前者推不出后者。

4. 错误。由"机器用久了会磨损"论证"人脑用多了会受到损害"是"机械类比"。

5. 错误。这是一种非形式错误，通常称之为"诉诸权威"。

6. 错误。这是"循环论证"。

7. 错误。两人在论证中都用了归纳证明中的简单枚举法，但都无视已有的明显反例，犯了"轻率概括"的逻辑错误。

三、指出下列诡辩的手法

1. 房东不正面回答关于"房间漏水"问题，却指责房客交的房租太少，这是一种"转移论题"的诡辩手法。

2. 被告从"把手放在口袋里是不礼貌的"这一告诫出发，得出"把手放在别人口袋里（偷窃）"才是礼貌的，是偷换概念，歪曲论题。

3. 这个论证中的三段论推理包括四个词项，大前提中的人是集合概念，小前提中的人是非集合词项，因而推不出结论。

4. 胖子的回答是循环论证。

5. 这是一个以三段论推理为主体的论证，但中项"有作案动机"在前提中不周延。因此，这是一种"推不出"的诡辩手法。

四、分析判断题

1. C。研究人员夜间工作的习惯的普遍性使调查结论无法显示相关性特征。

2. B。表明航空公司在实行对教师机票六五折优惠中获利了。

3. D。表明放松体操和机能反馈疗法的效果。

4. C。（1）在性别歧视案件中，女性原告如果没有确凿的理由和证据，一般不会起诉和（3）统计数据表明，如果不是因为遭到性别歧视，女性应该在60%以上的此类案件的诉讼中获胜，解释了女性在此类案件中胜诉比例高的真正原因。

5. B。原论题将艾滋病感染者死亡比例等同于艾滋病毒感染者人数比例。

6. D。这是归谬法在反驳中的应用。

7. C。总人口中男性比例和男婴出生率是两个不同的概念。

9.3　扩展训练题及其答案

[扩展训练题]

1. 雄孔雀漂亮的羽毛主要是用来吸引雌孔雀的，但没人知道为什么漂亮的羽毛能在求偶中具有竞争的优势。一种解释是雌孔雀更愿意与拥有漂亮羽毛的雄孔雀为偶。

以下哪项陈述准确描述了上面推论中的错误？

A. 把属于人类的典型特征归属于动物。

B. 把对一类事物中的个别种类断定为真的结论推广到这类事物的所有种类。

C. 这种解释，使用了一种原则上既不能证明为真也不能证明为假的前提。

D. 把所提供的需要做出解释的现象本身作为对那种现象的一种解释。

E. 毫无根据地假设有漂亮羽毛的雄孔雀有其他吸引雌孔雀的特征。

2. 1995年，年龄在25～30岁之间的已婚青年夫妇，与父母或岳父母生活在一起的人占该年龄段人口的比例是15%，而2002年，这一比例升至46%。因此，在2002年，这一年龄段的已婚青年夫妇更难以独立承担生活。

上面的结论基于下列哪项假设？

A. 这一年龄段中不能自立的青年夫妇更愿意和同龄人生活在一起，而不是和双方父母。

B. 这一年龄段的青年夫妇只要能够独立生活，就不会选择与双方父母亲共同生活。

C. 这一年龄段中的有些青年夫妇虽然在调查时和父母或岳父母生活在一起，但在此之前是独立生活的。

D. 1995—2002 年，适合青年夫妇购买和租住的住房数目逐年减少。

E. 这一年龄段中与父母或岳父母生活在一起的青年夫妇绝大多数不分担生活费用。

3. 黑脉金斑蝶的幼虫以乳草植物为食，这种植物所含的毒素使得黑脉金斑蝶对它的一些捕食动物有毒。副王峡蝶的外形和黑脉金斑蝶非常相似，但它的幼虫并不以乳草植物为食。因此可以得到结论，副王峡蝶之所以很少被捕食，是因为它和黑脉金斑蝶在外形上相似。

以下哪项如果为真，最能削弱上述论证？

A. 有些动物在捕食了以乳草植物为食的昆虫后并不中毒。

B. 仅仅单个蝴蝶对捕食者有毒并不能对它产生保护作用。

C. 有些黑脉金斑蝶的捕食动物也捕食副王峡蝶。

D. 副王峡蝶才对大多数捕食动物有毒。

E. 只有蝴蝶才具有通过自身的毒性来抵御捕食者的保护机制。

4. 汽车保险公司的统计数据显示：在所处理的汽车被盗索赔案中，安装自动防盗系统汽车的比例明显低于未安装此种系统的汽车。这说明，安装自动防盗系统能明显减少汽车被盗的风险。但警察局的统计数据却显示：在报案的被盗汽车中，安装自动防盗系统的比例高于未安装此种系统的汽车。这说明，安装自动防盗系统不能减少汽车被盗的风险。

以下哪项如果为真，最有利于解释上述看来矛盾的统计结果？

A. 许多安装了自动防盗系统的汽车车主不再购买汽车被盗保险。

B. 有些未安装自动防盗系统的汽车被盗后，车主报案但未索赔。

C. 安装自动防盗系统的汽车大都档次较高；汽车的档次越高，越易成为盗窃的对象。

D. 汽车失盗后，车主一般先到警察局报案，再去保险公司索赔。

E. 有些安装了自动防盗系统的汽车被盗后，车主索赔但未报案。

5. 食用某些食物可降低体内自由基，达到排毒、清洁血液的作用。研究者将大鼠设定为实验动物，分为两组，A 组每天喂养含菌类、海带、韭菜和绿豆的混合食物，B 组喂养一般饲料。研究观察到，A 组大鼠的体内自由基比 B 组显著降低。科学家由此得出结论：人类摄入菌类、海带、韭菜和绿豆的混合食物同样可以降低体内自由基。

以下哪项最可能是上述论证所假设的？

A. 一般人都愿意摄入菌类、海带、韭菜和绿豆的混合食物。

B. 不含菌类、海带、韭菜和绿豆的混合食物将增加体内自由基。

C. 除食用菌类、海带、韭菜和绿豆的混合食物外，一般没有其他的途径降低体内自由基。

D. 体内自由基的降低有助于人体的健康。

E. 人对菌类、海带、韭菜和绿豆的混合食物的吸收和大鼠相比没有实质性的区别。

6. 某国 H 省为农业大省，94% 的面积为农村地区；H 省也是城市人口最集中的大省，70% 的人口为城市居民。就城市人口占全省人口的比例而言，H 省是全国最高的。

上述断定最能支持以下哪项结论？

A. H 省人口密度在全国所有省份中最高。

B. 全国没有其他省份比 H 省有如此少的地区用于城市居民居住。

C. 近年来，H 省的城市人口增长率明显高于农村人口增长率。

D. H 省农村人口占全省总人口的比例在全国是最低的。

E. H 省大部分土地都不适合城市居民居住。

7. 在最近的一次战争里，在重大战斗中执行过任务的医疗人员，即使是那些身体未受伤害的，现在也比在该战争中只在不太激烈的战斗中执行过任务的医疗人员收入低而离婚率高，在衡量整体幸福程度的心理状况测验中的得分也较低。这一证据表明，即使是那些在激烈的战斗环境下没有受到身体创伤的人，也会受到负面影响。

下面哪个判断如果正确，能最强有力地支持以上得出的结论？

A. 参加重大战斗的医疗人员和参加其他战斗的医疗人员相比，服役前所接受的学校教育明显比较少。

B. 参加重大战斗的医疗人员比参加其他战斗的医疗人员刚入伍时年轻。

C. 参加重大战斗医疗人员的父母和参加其他战斗医疗人员的父母，在收入、离婚率和整体幸福程度方面没有什么显著差别。

D. 那些在重大战斗中服务的医疗人员和建筑工人在收入、离婚率和整体幸福程度等方面非常相似。

E. 早期战争中为重大战斗服务的医疗人员在收入、离婚率和整体幸福程度等方面，和其他在该战争中服役的医疗人员没有表现出太大差别。

8. 许多消费者在超级市场挑选食品时，往往喜欢挑选那些用透明材料包装的食品，其理由是透明包装可以直接看到包装内的食品，这样心里更有一种安全感。

以下哪项如果为真，最能对上述心理感觉构成质疑？

A. 光线对食品营养所造成的破坏，引起了科学家和营养专家的高度重视。

B. 食品的包装与食品内部的卫生程度并没有直接的关系。

C. 美国宾州州立大学的研究结果表明：牛奶暴露于光线之下，无论是何种光线，都会引起风味上的变化。

D. 有些透明材料包装的食品，有时候让人看了会倒胃口，特别是不新鲜的蔬菜和水果。

E. 世界上许多国家在食品包装上大量采用阻光包装。

9. 我国共有 5 万多千米的铁路，承担着 53% 的客运量和 70% 的货运量。铁路运力紧张的矛盾十分突出。改造既有铁路线路，提高列车的运行速度，就成了现实的选择。

如果下列哪项为真，则上述的论证就要大大削弱？

A. 国家已经计划并且正逐步兴建大量的新铁路。

B. 我国铁路线路及车辆的维修和更新刻不容缓。

C. 随着经济的发展，铁路货运量还将增加。

D. 随着航空事业和高速公路的发展，铁路客运量将会下降。

E. 正在试行时速达 140～160 千米的快速列车，比一般列车快 50%。

10. 某国政府决策者面临的一个头痛的问题就是所谓的"别在我家门口"综合症。例如，尽管民意测验一次又一次地显示公众大多数都赞成建造新的监狱，但是，当决策者正式宣布计划要在某地建造一座新的监狱时，总是遭到附近居民的抗议，并且抗议者往往总有办法使计划搁浅。以下（　　）项也属于上面所说的"别在我家门口"综合症。

A. 某家长主张，感染了艾滋病毒的孩子不能允许入读公共学校。当知道一个感染了艾滋病毒的孩子进入了他孩子的学校时，他立即办理了自己孩子的退学手续。

B. 某政客主张所有政府官员必须履行个人财产公开登记，他自己已经递交了一份虚假的财产登记表。

C. 某教授主张宗教团体有义务从事慈善事业，但自己拒绝捐款资助索马里饥民。

D. 某汽车商主张国际汽车自由贸易，以有利于各国经济，但要求本国政府限制外国制造的汽车进口。

E. 某军事战略家认为核战争足以毁灭人类，但主张本国应保持足够的核能力以抵御外部可能的核袭击。

11. 一家超市常常发现有顾客偷拿商品不付款，从而影响了该超市的盈利。于是，该超市管理层痛下决心，在该超市安装监控设备，并且增加导购员人数，以此来提高该超市的利润率。

下面哪一项对于评价该超市管理层的决定最为重要？

A. 该超市商品的进价与卖价之比。

B. 该超市每天卖出的商品的数量和价格。

C. 每天到该超市购物的顾客人数和消费水平。

D. 该超市因顾客偷拿商品所造成的损失，与运行监控设备、增加导购员的花费之比。

12. 地球在其形成的早期是一个熔岩状态的快速旋转体，绝大部分的铁元素处于其核心部分；有一些熔液从这个旋转体的表面被抛出，后来冷凝形成了月球。

如果以上这种关于月球起源的理论正确，则最能支持以下哪一个结论？

A. 月球是唯一围绕地球运行的相当大的天体。

B. 月球核心部分的含铁比例小于地球核心部分的含铁比例。

C. 月球表面凝固是在地球表面凝固之后。

D. 月球像地球一样具有固体的表层结构和熔岩状态的核心。

13. 某架直升机上有 9 名乘客，其中有 1 名科学家、2 名企业家、2 名律师、3 名美国人、4 名中国人。

补充以下哪一项，能够解释题干中提到的总人数和不同身份的人数之间的不一致？

A. 那位科学家和其中的 1 名美国人是夫妻。

B. 其中 1 名企业家的产品主要出口到美国。

C. 2 名企业家都是中国人，另有 1 名美国人是律师。

D. 其中 1 名律师是其中 1 名企业家的法律顾问。

14. 世界乒乓球锦标赛男子团体决赛前，S 国的教练在排兵布阵。他的想法是：如果 4 号队员的竞技状态好，并且伤势已经痊愈，那么让 4 号队员出场；只有 4 号队员不能出场时，才派 6 号队员出场。

如果决赛时 6 号队员出场，则以下哪一项肯定为真？

A. 4 号队员伤势比较重。

B. 4 号队员的竞技状态不好。

C. 6 号队员没有受伤。

D. 如果 4 号队员伤已痊愈，那么他的竞技状态不好。

15. 当一只鱼鹰衔着一条鱼，如鲱鱼、鳕鱼或胡瓜鱼，由捕鱼地返回巢穴时，其他鱼鹰就会沿着它的行踪觅食。但是，如果这只鱼鹰衔的是鲽鱼，其他鱼鹰就很少有这种行为，虽然鱼鹰像吃其他鱼一样也吃鲽鱼。

以下哪一项最有助于解释上面所说的鱼鹰捕食的习惯？

A. 鱼鹰很少能够捕到鲱鱼、鳕鱼或胡瓜鱼。

B. 鲽鱼生活的水域比鲱鱼、鳕鱼或胡瓜鱼生活的水域要浅。

C. 鲱鱼、鳕鱼或胡瓜鱼是群体活动，而鲽鱼不是。

D. 鲽鱼和鳕鱼有保护色，而鲱鱼和胡瓜鱼没有保护色。

16. 政府的功能是满足人民群众的真正需要，但除非政府知道那些需要是什么，否则政府就无法满足那些需要。言论自由能确保政府官员听到这样的需求信息。因此，对一个健康发展的国家来说，言论自由是必不可少的。

下面哪一项如果为真，不能削弱上述论证？

A. 人民群众在多数情况下并不知道他们真正需要什么。

B. 言论自由最终倾向于破坏社会秩序，而良好的社会秩序是满足群众需要的先决条件。

C. 政府的正当功能不是去满足人民的需要，而是给人民提供平等的机会。

D. 言论自由对满足群众的需要是不充分的，良好的社会秩序也是必不可少的。

17. 过去，我们在道德宣传上有很多不切实际的高调，以至于不少人口头说一套，背后做一套，发生人格分裂现象。通过对此种现象的思考，有的学者提出，我们只应该要求普通人遵守"底线伦理"。

根据你的理解，以下哪一选项作为"底线伦理"的定义最合适？

A. 底线伦理就是不偷盗、不杀人。

B. 底线伦理是作为一个社会普通人所应遵守的一些最起码、最基本的行为规范和准则。

C. 底线伦理不是要求人无私奉献的伦理。

D. 如果把人的道德比喻为一座大厦，底线伦理就是该大厦的基础部分。

18. 世界田径锦标赛3 000米决赛中，始终跑在最前面的甲、乙、丙三人中，一个是美国选手，一个是德国选手，一个是肯尼亚选手。比赛结束后得知：

（1）甲的成绩比德国选手的成绩好；

（2）肯尼亚选手的成绩比乙的成绩差；

（3）丙称赞肯尼亚选手发挥出色。

以下哪一项肯定为真？

A. 甲、乙、丙依次为肯尼亚选手、德国选手和美国选手。

B. 肯尼亚选手是冠军，美国选手是亚军，德国选手是第三名。

C. 甲、乙、丙依次为肯尼亚选手、美国选手和德国选手。

D. 美国选手是冠军，德国选手是亚军，肯尼亚选手是第三名。

19. 最近，有几百只海豹因吃了受到化学物质污染的一种鱼而死亡。这种化学物质即使量很小，也能使哺乳动物中毒。然而一些人吃了这种鱼却没有中毒。

以下哪项如果正确，最有助于解释上面陈述中的矛盾？

A. 受到这种化学物质污染的鱼本身并没有受到化学物质的伤害。

B. 有毒的化学物质聚集在那些海豹吃而人不吃的鱼的部位。

C. 在某些既不吃鱼也不吃鱼制品人的身体内，也发现了微量的这种化学毒物。

D. 被这种化学物质污染的鱼只占海豹总进食量的很少一部分。

20. 美国在遭受"911"恐怖袭击后采取了这样的政策："要么与我们站在一起去反对恐怖主义，那你是我们的朋友；要么不与我们站在一起，那你是我们的敌人。"

下面哪一项与题干中的表达方式不相同？

A. 有一则汽车广告："或者你开凯迪拉克，那么你是富人；或者你根本不开车，那么你是穷人！"

B. 以足球为职业的人只有两种命运：要么赢，那你是英雄，面对鲜花、欢呼、金钱、美女；要么输，那你是孬种、笨蛋，面对责难、愤怒、谩骂，打落牙齿往肚里吞。

C. 如果一位教授有足够的能耐，他甚至能够把笨学生培养合格；因此，如果他不能把笨学生培养合格，就说明他的能耐不够大。

D. 要么你做一个道德高尚的人，那你就无私地贡献自己的一切；要么你做一个卑鄙的人，那你就不择手段地谋私利。

21. 有一则电视广告说，草原绿鸟鸡，饿了吃青草，馋了吃蚂蚱，似乎在暗示该种鸡及其鸡蛋的营养价值与该种鸡所吃的草原食物有关。

为了验证这个结论，下面哪种实验方法最为可靠？

A. 选择一优良品种的蛋鸡投放到草原上喂养，然后与在非草原喂养的普通鸡的营养成分相比较。

B. 化验、比较草原上的鸡食物和非草原上的鸡食物的营养成分。

C. 选择品种等级完全相同的蛋鸡，一半投放到草原上喂养，一半在非草原喂养，然后比较它们的营养成分。

D. 选出不同品种的蛋鸡，投放在草原上喂养，然后比较它们的营养成分。

22. 售货员对顾客说："压缩机是电冰箱的核心部件，企鹅牌电冰箱采用与北极熊牌电冰箱同样高质量的压缩机。由于企鹅牌电冰箱的价格比北极熊牌电冰箱的价格要低得多，所以，当你买企鹅牌电冰箱而不是北极熊牌电冰箱时，你花的钱更少却能得到同样的制冷效果。"

下面哪一项如果被证实，便能合理地推出售货员的结论的假设？

A. 北极熊牌电冰箱的广告比企鹅牌电冰箱的广告多。

B. 售货员卖出一台企鹅牌电冰箱所得的收入比卖出一台北极熊牌电冰箱得到的收入少。

C. 电冰箱的制冷效果仅仅是由它的压缩机的质量决定的。

D. 企鹅牌电冰箱每年的销量比北极熊牌电冰箱每年的销量大。

23. 有些人坚信，在宇宙空间中，还存在着人类文明之外的其他高级文明，因为现在尚没有任何理论和证据去证明这样的文明不可能存在。

下面哪一个选项与题干中的论证方式相同？

A. 神农架地区有野人，因为有人看见过野人的踪影。

B. 既然你不能证明鬼不存在，所以鬼就是存在的。

C. 科学家不是天生聪明的，例如爱因斯坦小时候并未显得很聪明。

D. 一个经院哲学家不相信人的神经在脑中汇合。理由是，亚里士多德的著作中讲到，神经是从心脏里产生出来的。

扩展训练题答案

1. D。题干中的推论是循环论证。

2. B。选项 B 提供了必要条件假言判断作为推理前提，题干的推理是必要条件假言判断的否定前件式。

3. D。"副王峡蝶才对大多数捕食动物都有毒"提供了"副王峡蝶很少被捕食"的真正原因。

4. D。选项 D 解释了上述看来矛盾的统计结果。

5. E。选项 E 提供了类比论证的必要前提。

6. D。选项 D 提供了统计论证的必要前提。

7. C。表明在重大战斗中服务的医疗人员在收入、离婚率和整体幸福程度等方面表现出的较大差别与遗传无关。

8. A。选项 A 揭示上述心理感觉是不可靠的。C 项也能构成质疑，但它涉及的只是牛奶这一种食品，其质疑力度显然不如 A 项。B 项断定食品的包装与食品内部的卫生程度并没有直接的关系，但完全可能有间接关系，因此不构成质疑。其余项显然不能构成质疑。

9. D。航空事业和高速公路的发展，缓解了铁路运力紧张的矛盾。

10. A。选项 A 中家长的处理方式与题干中的行为方式是一样的。

11. D。只有选项 D 与顾客偷拿商品不付款现象直接相关。

12. B。选项 B 是月球起源假说的推论。

13. C。"2 名企业家都是中国人，另有 1 名美国人是律师"说明了有三个人在统计总人数时被重复计算了。

14. D。"如果 4 号队员伤已痊愈，那么他的竞技状态不好"等价于"或者 4 号队员伤没有痊愈，或者他的竞技状态不好"。

15. C。选项 C 提供了论证的必要前提。

16. B。选项 B 强调良好的社会秩序是健康发展的国家的标志。

17. B。其他选项不符合定义的规则。

18. C。根据（2）肯尼亚选手的成绩比乙的成绩差和（3）丙称赞肯尼亚选手发挥出色，可推出肯尼亚选手是甲。

19. B。选项 B 提供了"一些人吃了这种鱼却没有中毒"的真正原因。

20. C。其他选项和题干中的表达方式一样，是"二难推理"的简单构成式。

21. C。选项 C 运用了求因果关系的求同法。

22. C。选项 C 提供了论证的必要前提。

23. B。这是"诉诸无知"的逻辑谬误。

第 10 章　逻辑规律

　　规律是事物之间本质的、必然的和稳定的联系。相应的，逻辑规律或思维规律则既指思想之间本质的、必然的和稳定的基本联系，同时也指思维活动必须遵循的本质的、必然的和稳定的基本要求。思想之间的基本联系和思维活动应遵循的基本要求有两个内容：其一，思想（或思维活动）必具确定性；其二，思想（或思维活动）必具论证性。前者即为同一律、矛盾律和排中律，后者即为充足理由律。这四个规律是理性精神或逻辑精神的集中体现。

10.1　逻辑案例及其分析

　　[逻辑案例 1　　鱼之乐]

　　庄子与惠子游于濠梁之上。

　　庄子曰："儵鱼出游从容，是鱼之乐也。"

　　惠子曰："子非鱼，安知鱼之乐？"

　　庄子曰："子非我，安知我不知鱼之乐？"

　　惠子曰："我非子，固不知子矣；子非鱼矣，子之不知鱼之乐全矣。"

　　庄子曰："请循其本，子曰'汝安知鱼乐'云者，即已知吾知之而问我，我知之濠上也。"

　　译文：

　　有一天，庄周和惠施一同出游，到了濠水（在今安徽凤阳县）的一座桥上。庄周说："儵鱼在水中从容地游来游去，这鱼多么快乐啊！"惠施说："您不是鱼，怎么知道鱼快乐？！"庄周说："您不是我，怎么知道我不知道鱼快乐呢？！"惠施说："我不是您，固然是不知您；但是您不是鱼，您不知鱼快乐，那是确定无疑的了。"庄周说："且慢，请想一想您开始是怎么说的？您说：'您怎么知道鱼快乐'，您是已知我知道鱼快乐而问我怎么知道，我是在桥上通过观看知道的。"

逻辑案例分析

　　从逻辑学的角度来说，庄周的言论是不合乎逻辑的，具体地说，是不合乎同一律的逻辑要求的。同一律要求在辩论的过程中，无论是论证自己的观点还是反驳对方的观点，都应保持论说观点的前后同一。庄周在和惠施辩论的过程中，显然歪曲了惠施的原意，偷换了惠施的论点。惠施说："您不是鱼，怎么知道鱼快乐?!"这句话的原意是否定庄周会知道鱼快乐。而在最后一段对话中，庄周却把惠施的话歪曲成两个意思：其一，惠施承认了庄周知道鱼快乐；其二，惠施问庄周在什么地方（以什么方式）知道鱼快乐的。在这两个意思中，第一个意思是庄周强加给惠施的，第二个意思是偷换论题，即把惠施对庄周表示怀疑的问话"怎么知道鱼快乐"，偷换为"您在什么地方（以什么方式）知道鱼快乐"。综上所述，在庄周与惠施的对话中，庄周违反了同一律，犯了"偷换论题"的逻辑错误。

　　[逻辑案例2　　白马非马]
　　《公孙龙子》白马论第二（节选）
　　曰："白马非马"，可乎?
　　曰：可。
　　曰：何哉?
　　曰：马者，所以命形也；白者，所以命色也。命色者非命形也。故曰："白马非马"。
　　曰：有白马不可谓无马也。不可谓无马者，非马也?……
　　曰：求马，黄、黑马皆可致；求白马，黄、黑马不可致。……马者，无去取于色，故黄、黑皆所以应；白马者，有去取于色，黄、黑马皆所以色去，故唯白马独可以应耳。无去者非有去也，故曰"白马非马"。
　　译文：
　　客："白马不是马"，对吗?
　　主：对!
　　客：为什么?
　　主："马"这个词，是用来称呼形体的；"白"这个词，是用来称呼颜色的。称呼颜色的词，不是称呼形体的。所以说："白马不是马"。
　　客：有白马，不可以说没有马吧!（那么，白马）不是马吗?……
　　主：要一匹"马"，黄马、黑马都可以算数；要一匹"白马"，黄马、黑马就不可以算数了。……本来意义上的马，它没有颜色上的规定，所以黄马、黑马都可以算数。而白马是有颜色规定的，黄马、黑马都因其颜色而被排斥，只有白马可以算数。没有颜色规定的，不同于有颜色规定的白马，所以我说："白马不是马。"

逻辑案例分析

"白马非马"是战国时期哲学家公孙龙的成名命题。公孙龙大胆地用"白马非马"这一貌似诡辩的命题向"白马是马"这一常识命题挑战，阐明了个别和一般的区别。从这个角度讲，公孙龙的思维和判断是有效的。即断定"白马就是白马"，"马就是马"，表明了个别与一般二者不能混为一谈的逻辑立场。但是，公孙龙的论述还是存在着问题。他说："称呼颜色的词，不是称呼形体的，"在这里，我们可以同意公孙龙的观点："白不是马"。而"白马"一词既称呼颜色，又称呼形体，"白马"就不能简单地等同于"白"了。所以可以说"白不是马"，但不能简单地说"白马不是马"。在这里，公孙龙有违反同一律之嫌。另外，从辩证思维的角度，公孙龙的"白马非马"命题是有问题的，因为任何个别都是一般，公孙龙否认了个别与一般的联系，就使"白马非马"成为一个假命题了。

[逻辑案例3　　自相矛盾]

《韩非子·势难》：人有鬻矛与盾者，誉其盾之坚，曰："物莫能陷也！"俄而又誉其矛，曰："吾之矛之利，物莫不陷也！"人应之曰："以子之矛，陷子之盾，何如？"其人弗能应也。

译文：

韩非子的寓言故事是说，有一个人既卖矛又卖盾。他先举起自己的盾，赞誉自己的盾非常坚固，说："我的盾任何东西都戳不穿它！"隔了一会儿，他又夸耀自己的矛非常锋利，说："我的矛太尖锐了，没有什么东西它不能穿透！"这时，有人问他："用你的矛，戳你的盾，结果如何呢？"这个卖矛又卖盾的人张口结舌，无言以对了。

逻辑案例分析

这是一个违背逻辑规律的典型例子，具体地说，卖矛和盾者违背了矛盾律。矛盾律的内容是说，在同一思维过程中，一个思想及其与之相否定的思想（概念、判断）不能同时成立，二者必有一假。矛盾律要求在同一思维过程中，不能同时肯定两个相互否定的思想。违背了这一要求所犯的逻辑错误叫"自相矛盾"。韩非子寓言故事中的卖矛和盾者在同一语境中既赞自己的盾"无物能陷"，又誉自己的矛"无坚不摧"，同时肯定了两个相互否定的思想，从而"自相矛盾"。这样的思维是一种无效的思维，违背了矛盾律，犯了"自相矛盾"的错误逻辑。

[逻辑案例4   模棱两可]

唐初有个苏味道，他的文章有点名气，和当时另一个文士李峤齐名，人称"苏李"。苏味道从小相当聪明，20岁便考上了进士，做官做到吏部侍郎，武则天执政时，他还担任过宰相。苏味道为人圆滑，遇事态度暧昧，往往表示这样也好，那样也行。《唐书·苏味道传》曾记录了他的一句话："决事不欲明白，误则有悔，摸棱持两端可也。"这句话典型地道出了苏味道圆滑的处世哲学。棱，即多面体的边。用手摸住任何一条棱，可以同时摸到两个面，但又不肯定摸到哪一面，可以在两面中自由转换，所以"摸棱持两端可也"！由此，人们称苏味道为"苏摸棱"，"摸棱手"、"摸棱宰相"。"摸棱持两端可也"后来演化成"模棱两可"这个词语，形容那种骑墙居间、不置可否的态度。

逻辑案例分析

苏味道自以为聪明，其实他违背了逻辑规律，具体地说，违背了排中律的要求。排中律的内容是说，在同一思维过程中，两个相互矛盾的思想不能同假，二者必有一真。排中律要求在同一思维过程中，对于两个相互矛盾的判断，必须肯定一个，而不能在孰真孰假的选择中去寻找根本不存在的第三者。苏味道"摸棱持两端可也"的如意算盘恰恰是企图去寻找第三条道路，其结果是没做任何选择，是一种无效的思维。

[逻辑案例5   莫须有]

宋时，北方女真族统治的金国，大举南侵，黄河流域一带，全部沦陷。可是昏庸无能的朝廷，害怕战争，步步退让，而奸相秦桧，更主张妥协投降，卖国求荣。以岳飞为代表的主战派则积极抗战，他率领的部队，人称"岳家军"，经常以少胜多，打了很多胜仗，人们赞誉曰："撼山易，撼岳家军难。"在岳家军节节胜利的时候，以秦桧为首的卖国投降派，一面取得了糊涂皇帝宋高宗的宠信，一面勾结敌人，暗害岳飞。秦桧假传圣旨，连发十二道紧急金牌，解除岳飞的兵权，并最终杀害了岳飞。岳飞遇害后，人们纷纷责问秦桧，大将韩世忠质问秦桧："岳飞究竟有什么罪？"秦桧竟无耻地答道："莫须有！"一代名将岳飞就这样被"莫须有"的罪名害死了。

逻辑案例分析

秦桧以"莫须有"的罪名陷害岳飞的故事，是违反逻辑规律的典型案例。在逻辑规律中，有一条规律叫"充足理由律"。这条规律的内容是说，一个思想被确定为真，要有充足理由。也就是说，要确定一个思想的真，必须要有理由，而且这个理由必须是真实的，并且从这个理由能够推出这个思想来，否则就会犯"没有理由"、"虚假理由"或"推不出"的逻辑错误。秦桧以"莫须有"为由给岳飞定罪，就违反了"充足理由律"，犯了"没有理由"的逻辑错误。

[逻辑案例6　　男婴出生率]

根据男婴出生率，甲和乙展开了辩论：

甲：人口统计发现了一条规律：在新生婴儿中，男婴的出生率总是摆动于22/43这个数值，而不是1/2。

乙：不对，许多资料都表明，多数国家和地区，例如俄罗斯、日本、美国、德国，以及中国的台湾省都是女人比男人多。可见，认为男婴出生率总在22/43上下波动的规律是不成立的。

逻辑案例分析

乙显然违背了同一律的基本要求。甲说的是"男女婴的出生率"问题，而乙用来反驳甲的观点的论据却是"许多国家和地区都是女人比男人多"，即"男女性的生存状态"问题，这就犯了"偷换概念"、"转移论题"的逻辑错误。同时，乙也违背了充足理由律，因为"男婴的出生率"与"男女性的生存状态"不具有必然的联系，从"许多国家和地区都是女人比男人多"，不能反驳或者论证"男婴的出生率"是否多于"女婴的出生率"，从这个角度分析，乙犯了"推不出"的逻辑错误。

[逻辑案例7　　清华无美女]

在日常生活中，我们常常会不经过周密的分析就做出某些判断。例如，你在清华大学看见一个非常时髦漂亮的女子，马上推测她可能不是校内的学生，而是来办事或找人的。

那么，我们的推测是否合理呢？下面这个有意思的心理学实验，也许会给我们一些启发。

参加实验的人被分为两组。研究人员告诉第一组的人说，他们从100个人（其中30人是工程师，70人是律师）当中选出了一名叫做狄克的男子；

告诉另一组人说，这 100 个人中，70 人是工程师，30 人是律师。请大家判断狄克是工程师的几率。结果，几乎所有的人都作出了正确的判断，第一组的人认为狄克是工程师的几率是 30%，第二组的人认为狄克是工程师的几率是 70%。

在另一种情况下测试的结果十分有趣：参加实验的人除了被告知以上的人员组成比例外，还被告知了这名叫狄克的人的某些特点："狄克是一名 30 岁的男子，已婚，没有孩子。他的能力很强，事业成功。同事们都喜欢他。"本来这些资料对判断狄克的职业是没有任何作用的，但奇怪的是，人们在接受这些资料后，不管人员的组成比例如何，都认为狄克是工程师的可能性是 50%。

逻辑案例分析

上述案例告诉我们，人们在作判断和进行推理时，常常会受到一些无用信息的干扰，从而犯下"推不出"的逻辑错误。就清华校园中时髦漂亮的女子而言，我们常常有意无意地认为学理工的学生相貌平平、穿着随便，从而得出她不是清华大学学生的结论。实际上，她完全可能是清华大学的学生。就关于狄克的心理实验而言，在第二种情况下，被测试者之所以不能作出正确判断，就是受了资料"婚否"、"有无孩子"，"工作能力强弱"、"人际关系好坏"等信息的干扰所导致的。实际上，那些信息与狄克是工程师或律师没有任何直接的必然的联系。

[逻辑案例 8   惠更斯违反了同一律吗]

郝问：同一律是说在同一思维过程中，要保持一个思想前后的一致性吗？

申思：是的，同一律要求我们在思维时，要保持所使用的概念前后一致，有相同的内涵和外延，否则就会犯"偷换概念"的逻辑错误；所讨论的论题要前后一致，有相同的内容，否则就会犯"偷换论题"的逻辑错误。

郝问：那怎么对待思想自身的发展呢？怎么运用那些内涵在发生变化的概念呢？比如关于"光的属性"问题：牛顿认为光具有粒子的属性，惠更斯认为光具有波的属性。后来，爱因斯坦提出光量子假说，指出光量子包含波动的特征，即认为光具有波粒二象性。按照同一律的要求，我们怎样来使用"光的属性"这一概念呢？

申思：你让我想一想。

逻辑案例分析

申思：我认为，从两个不同角度来讨论这个问题，就不会出现困难了。第一个角度，我们怎样来论述不同科学家关于"光的属性"的思想；第二个角度，我们怎样使用"光的属性"这一概念。站在第一个角度，如果我们论述的是牛顿关于"光的属性"的思想，我们就应保持关于牛顿的思想的前后一致，这就遵守了同一律。如果我们在论述牛顿的思想时，又把"波动说"的内容增添进去，那就违反同一律了，犯了"混淆概念"的逻辑错误。站在第二个角度，如果我们在运用"光的属性"这一概念时，采取的是某个科学家的特定的观点（例如爱因斯坦关于光的"波粒二象性"的观点），那么我们就应保持这个思想的前后一致性，这就遵守了同一律；如果我们一会儿用"粒子说"来陈述光的属性，一会儿又用"波动说"来陈述光的属性，那就违反了同一律，犯了"偷换概念"的逻辑错误了。

总的来说，我的意思是，同一律只要求在同一思维过程中，思想与自身保持一致，同一律并不涉及在不同思维过程某一特定思想的发展变化。

郝问：哦，我清楚了，谢谢你！

[逻辑案例9 两位老师与矛盾律]

郝问：矛盾律是说不能同时肯定两个相互否定的思想吧？

申思：是的，如果两个思想相互否定，肯定其中有一个是假的！如果同时肯定它们，那就自相矛盾了！

郝问：那么，我们的哲学老师违反矛盾律了，因为他说："什么是运动？运动就是指某物某时某刻既在这一点，又不在这一点。"这不是自相矛盾吗？

申思：是吗？

郝问：我们的政治经济学老师也违反矛盾律了，因为他说："剩余价值既不能在流通中产生，又不能离开流通而产生，"这不是又自相矛盾了吗？

申思：这还真是个问题呢！你让我想一想。

逻辑案例分析

申思：我认为两位老师没有违反矛盾律。因为矛盾律只是要求不能同时肯定两个相互否定的思想，是对有效思维的要求；矛盾律并不妨碍人们断定客观事物自身的矛盾属性，矛盾律并不涉及事物自身是否具有相互对立的属性。哲学老师陈述的是运动自身的相互对立的属性；同样的，政治经济学老师陈述的也是剩余价值自身的相互对立的属性，他们都正确地反映了事物自身的矛盾性质，这不算违反矛盾律。如果哲学老师在讲课时，在前面肯定了"运动就是某物某时某刻既在这一点，又不在这一点"的认识，在后面又否定了"运动就是某物某时某刻既在这一点，又不在这一点"，那么他就违反矛盾律了。同理，政治经济学老师也是如此，如果他在讲课时，先肯定了"剩余价值既不能在流通中产生，又不能离开流通而产生"的观点，在随后讲课中又否定了这个观点，那么他就违反矛盾律了，则他们都犯了"自相矛盾"的逻辑错误。

郝问：哦，我清楚了，谢谢你！

[逻辑案例10　关于外星人的判断]

郝问：排中律是说在两个相互矛盾的思想中，有一真而且只有一真的思想吗？

申思：是的，在两个相互矛盾的思想中，不可能都假，有，也一定有，且只有一个真的思想。比如在全称肯定判断"所有天鹅都是白色的"和特称否定判断"有的天鹅是黑色的"这两个判断之间，有，也一定有，且有一个真的判断。因此，排中律要求我们在两个相互矛盾的思想中，必须旗帜鲜明地肯定一个，且只能肯定一个，否则就要犯"模棱两可"或"两不可"的错误。

郝问：你说的这些我都懂，但是我有一个新问题，那就是我对两个相互矛盾的判断确实不知道该怎么判断，比如说，"宇宙中有外星人"和"宇宙中没有外星人"，我既不能明确肯定其中任何一个判断，也没有同时肯定两个判断或者同时否定两个判断，那我算不算违反了排中律呢？

申思：你这个问题我还真不知该怎么回答，我们去问问罗吉老师吧！

逻辑案例分析

罗吉：郝问对不能确定的事物不做判断不能算是违背了排中律。金岳霖先生在《形式逻辑简明读本》中写道："排中律也并不排除人们在没有作出明确判断或选择时采取'不表态'的行动。'不表态'不等于'两不可'，并不违反排中律。"金岳霖先生的这个阐述与排中律的逻辑意义相符合。排中律只是要求人们对两个相互矛盾的思想，不能两个都肯定或者两个都否定，否则就犯了"模棱两可"或"两不可"的逻辑错误。至于人们对两个相互矛盾的思想到底肯定哪一个，这不是一个逻辑问题，而是一个认识问题。比如刚才郝问讲到的"外星人问题"，目前人类还没有足够的论据来证明其有或证明其无，只能采取"不表态"的态度，这不能算是违背了排中律。

把这个问题和你们前面所讨论的问题（我听到了你们前面的讨论）结合起来，这实际上涉及一个逻辑规律起作用的范围问题。逻辑规律是思维规律，它只起到规范人们思维的作用，目的是避免犯逻辑错误，以保证思维的有效性（即不说废话）。逻辑规律不能保证人们的认识的必然正确性。遵守逻辑规律只是正确思维的必要条件，而不是充分条件。换句话说，遵守了逻辑规律，思维不一定就是正确的思维。但是，违反了逻辑规律，则一定是无效的思维，也一定是错误的思维。同时，逻辑规律只是思维规律，而不是客观事物的存在规律，如你们前面提到的运动的矛盾性、剩余价值的矛盾性，都是客观事物自身的存在性质，逻辑规律与它们是没有关系的。

郝问、申思：我们明白了，谢谢罗吉老师。

10.2 教材练习题及其答案

[教材练习题]

一、下列句子是否违反了逻辑规律？请简要分析

1. 关于有无鬼神的争论，我从不参与，因为我觉得没有多大意思。对于他们的两种观点我都不赞成。

2. 四方台是一座神秘的山台，从来就没有人上去过，上去了的人也从来没有回来过。

3. 见本章〔逻辑案例1　鱼之乐〕。

4. 甲与乙有以下对话：

甲："照你说的，就没有什么信念之类的东西了？"

乙："没有，根本没有。"

甲："你就这样确信吗？"

乙："对！"

二、从以下各题的五个备选答案中选出一个正确的答案

1. "平反是对处理错误的案件进行纠正。"

依据以下哪项能最为确切地说明上述定义的不严格？

A. 对案件是否处理错误，应该有明确的标准，否则就不能说明什么是平反。

B. 应该说明平反的操作程序。

C. 应该说明平反的主体，平反的主体应该具备足够的权威性。

D. 对平反的客体应该具体分析，平反了，不等于没错误。

E. 处理错误的案件包括三种：重罪轻判、轻罪重判和无罪而判。

2. 甲、乙、丙、丁是同班同学。

甲说："我班同学考试都及格了。"

乙说："丁考试没及格。"

丙说："我班有人考试没及格。"

丁说："乙考试也没及格。"

已知只有一人说假话，则可推断以下哪项断定是真的？

A. 说假话的是甲，乙考试没及格。

B. 说假话的是乙，丙考试没及格。

C. 说假话的是丙，丁考试没及格。

D. 说假话的是丁，乙考试及格了。

E. 说假话的是甲，丙考试没及格。

3. 一天，小方、小林做完数学题后发现答案不一样。小方说："如果我的不对，那你的就对了。"小林说："我看你的不对，我的也不对。"旁边的小刚看了看他们俩的答案后说："小林的答案错了。"这时数学老师刚好走过来，听到了他们的谈话，并查看了他们的运算结果后说："刚才你们三个人所说的话中只有一句是真的。"

请问下述说法中哪一个是正确的？

A. 小方说的是真话，小林的答案对了。

B. 小刚说的是真话，小林的答案错了。

C. 小林说对了，小方和小林的答案都不对。

D. 小林说错了，小方的答案是对的。

E. 小刚说对了，小林和小方的答案都不对。

4. 桌子上有4个杯子，每个杯子上写着一句话。第一个杯子："所有的杯子中都有水果糖"；第二个杯子："本杯中有苹果"；第三个杯子："本杯中没有巧克力"；第四个杯子："有些杯子中没有水果糖"。

如果其中只有一句真话，那么以下哪一项为真？

A. 所有的杯子中都有水果糖。

B. 所有的杯子中都没有水果糖。

C. 所有的杯子中都没有苹果。

D. 第三个杯子中有巧克力。

E. 第二个杯子中有苹果。

5. 一个月来，这个问题时时刻刻缠绕着我，而在非常繁忙或心情非常好的时候，我又暂时抛开了这个问题，顾不上去想它了。

以上的陈述犯了下列哪项逻辑错误?

A. 论据不足。

B. 循环论证。

C. 偷换概念。

D. 转移论题。

E. 自相矛盾。

教材练习题答案

一、下列句子是否违反了逻辑规律? 请简要分析

1. 该句子违反了逻辑规律。首先,该句子违背了矛盾律,因为句子中的"我"先说自己从不参与关于有无鬼神的争论,之后又说自己对有无鬼神的观点持不赞同态度,表明自己实际上参与了争论,前后不一致,犯了"自相矛盾"的逻辑错误。其次,该句子还违背了排中律,因为"有无鬼神"是两个相互矛盾的命题,如果这是一个实命题的话,应该有而且也只有一真,该句子把两个命题都否定了,犯了"两不可"的逻辑错误。

2. 该句子违反了逻辑规律,具体地说,该句子违背了矛盾律,因为该句子先说从来没有人上过四方台,之后又说上去了的人也从来没有回来过,即有人上去过,前后不一致,犯了"自身矛盾"的逻辑错误。

3. 参见本章〔逻辑案例1 鱼之乐〕的分析。

4. 乙违反了逻辑规律,具体地说,违反了矛盾律。因为乙先决然地否定了有信念之类的东西,尔后又以自己的行为(即非常坚决地确认无信念这一思想)表明自己有坚定的信念,前后不一致,犯了"自相矛盾"的逻辑错误。

二、从以下各题的五个备选答案中选出一个正确的答案

1. 正确答案是E。E选项给出了处理错误的案件的三种可能性的情况,告诉我们只有"无罪而判"这一种情况才和"平反"相对应,从而指出题干作为定义犯了"定义过宽"的逻辑错误。B、C是对平反的进一步说明,与平反的定义无关。A、D与题干几乎没有直接联系,是干扰项。

2. 正确答案是A。甲说:"我班同学考试都及格了",是一个全称肯定判定;丙说:"我班有人考试没及格",为特称否定判断。这两个判断互为矛盾关系,必有一假。又知道四人中只有一人说假话,可知说假话的人必为甲或丙,进而可推知乙、丁的话为真。由此推知,乙真则丙真、甲假。同时,由于丁真,在A、E选项中,可以选A;由于丙考试情况不清楚,不能选E。

3. 正确答案是 A。小方的意思是说："如果小方不对，那么小林对。"小林的意思是说："小方与小林都不对。"这两句话互为矛盾关系的判断，二者必有一真（设"小方答案对"为 P，设"小林答案对"为 Q，则小方的话可写作：$\bar{P}\to Q$；小林的话可写作：$\bar{P}\wedge\bar{Q}$。由 $\bar{P}\to Q$ 可得出$\bar{P}\wedge\bar{Q}$，可知 $\bar{P}\to Q$ 与 $\bar{P}\wedge\bar{Q}$ 互为矛盾关系）。根据题意，三人中只有一句为真，那么说真话的只能是小方或者小林，小刚肯定说错了。由小刚说错了，可推知小林的答案是对的，故选 A。

4. 正确答案为 D。第一个杯子上的话与第四个杯子上的话互为矛盾关系，必有一真，由此可知第二个杯子和第三个杯子上的话为假。由第三个杯子上的话："本杯中没有巧克力"为假，可知 D 选项："第三个杯子中有巧克力"为真，故选 D。

5. 正确答案为 E。题干违反了矛盾律。题干先说"这个问题时时刻刻缠绕着我"，即一刻也没抛开过这个问题；后面又说"在非常繁忙或心情非常好的时候，又暂时抛开了"，前后不一致，犯了"自相矛盾"的逻辑错误。

10.3 扩展训练题及其答案

[扩展训练题]

一、判断正误并简述理由

1. 逻辑规律即思维必具确定性和论证性的规律。

2. 逻辑规律是思维规律，所以不具有客观性。

3. 矛盾律要求人们在两个相互否定的思想中必须肯定一个。

4. 排中律要求人们在两个相互矛盾的思想中必须否定一个。

5. 充足理由律反映的是事物之间的因果联系。

二、单项选择题

1. "南极海岸地带，鸟的种类虽少，但鸟却很多"。这句话所表达的思想（ ）。

A. 违反了同一律

B. 违反了矛盾律

C. 违反了排中律

D. 没违反逻辑规律

2. "说红楼梦是文学名著不对，说红楼梦不是文学名著也不对。"这句话所表达的思想（ ）。

A. 违反了同一律

B. 违反了矛盾律

C. 违反了排中律

D. 没违反逻辑规律

3. "我知道他的籍贯为云南，但是他不是南方人。"这句话表达的思想（　）。

A. 违反了同一律

B. 违反了矛盾律

C. 违反了排中律

D. 违反了充足理由律

4. 同一律的要求是（　）。

A. 如果 P，那么 P

B. 一个概念并不是一成不变的

C. 应保持思想与事物的同一

D. 不能同时肯定两个相互否定的思想

5. 问："你为什么叛变?"答："我没有叛变。"上述对答中答话者（　）。

A. 违反了同一律

B. 违反了矛盾律

C. 违反了排中律

D. 没违反逻辑规律

三、多项选择题

1. 下列语句中违反矛盾律的有（　）。

A. 那个人大事聪明，小事糊涂

B. 济南离泰安将近 90 千米左右

C. 张强既是文学爱好者，又是体育发烧友

D. 红霞满天、晴空万里，真是好天气

E. 塞翁失马、焉知非福?

2. 下列违反逻辑规律的有（　）。

A. 并非每位同学都及格了，但有同学及格了

B. 我们应当彼此进行深刻的自我批评

C. 他在 19 世纪活了 100 多岁

D. 他是死难者中幸免于难的幸运儿

E. 有的人死了，但却活着

3. 违反矛盾律的表现有（　　）。

A. 同时肯定两个相互矛盾的命题

B. 同时否定两个相互反对的命题

C. 同时肯定两个相互否定的命题

D. 同时否定两个相互否定的命题

E. 同时肯定一个命题和它的负命题

4. 违反排中律的表现有（　　）。

A. 同时肯定两个相互矛盾的命题

B. 同时否定两个相互矛盾的命题

C. 对一个命题既不肯定也不否定

D. 对一个命题既肯定又否定

E. 同时肯定两个相互否定的命题

5. 同一律、矛盾律和排中律（　　）。

A. 都是强调思维必具确定性的规律

B. 都是强调思维必具论证性的规律

C. 都是有效思维的必要条件

D. 都是客观世界本身具备的规律

E. 都是正确思维的充分条件

四、分析题

1. 逻辑是一门既古老又年轻的科学。说它古老，是因为这门学问的历史源头可追溯到 2 000 多年前；说它年轻，是因为它成为一门独立的科学，却是近代的事。

2. 两天两夜没停过的细雨又下起来了。

3. 一个青年满怀信心地对大发明家爱迪生说："我想发明一种万能溶液，它可以溶解一切物品。"应该说，这种发明从逻辑上讲是成立的。

4. 进攻选择了夜深人静、万籁俱寂的黎明时分。

5. 宋玉《登徒子好色赋》（节选）

玉曰："天下之佳人，莫若楚国；楚国之丽者，莫若臣里；臣里之美者，莫若臣东家之子。东家之子，增之一分则太长，减之一分则太短；著粉则太白，施朱则太赤；眉如翠羽，肌如白雪，腰如束素，齿如含贝。嫣然一笑，惑阳城，迷下蔡。然此女登墙窥臣三年，至今未许也。登徒子则不然。其妻蓬头挛耳，龃唇厉齿，旁行踽偻，又疥且痔。登徒子悦之，使有五子。王熟察之，谁为好色者矣？"

五、综合题

1. 某对外营业游泳池更衣室的入口处贴着一张启事，称"凡穿拖鞋进入泳池者，罚款5～10元"。某顾客问："根据有关法规，罚款规定的制定和实施，必须由专门机构进行，你们怎么可以随便罚款呢？"工作人员回答："罚款本身不是目的。目的是通过罚款，来教育那些缺乏公德意识的人，保证泳池的卫生。"

上述对话中工作人员所犯的逻辑错误，与以下哪项中出现的最为类似？

A. 管理员："每个进入泳池的同志必须带上泳帽，没有泳帽的到售票处购买。"

某顾客："泳池中那两位同志怎么没带泳帽？"

管理员："那是本池的工作人员。"

B. 市民："专家同志，你们制定的《市民文明公约》共15条60款，内容太多，不易记忆，可否精简一点，以便直接起到警示的作用？"

专家："这次的《市民文明公约》，是在市政府的直接领导下，组织专家组，在广泛听取市民意见的基础上制定的，是领导、专家、群众三结合的产物。"

C. 甲：什么是战争？

乙：战争是两次和平之间的间歇。

甲：什么是和平？

乙：和平是两次战争之间的间歇。

D. 甲：为了使我国早日步入发达国家行列，我们应该加速发展私人汽车工业。

乙：为什么？

甲：因为在发达国家，私人都有汽车。

E. 甲：一样东西，如果你没有失去，就意味着你仍然拥有。是这样吗？

乙：是的。

甲：你并没有失去尾巴。是这样吗？

乙：是的。

甲：因此，你必须承认，你仍然有尾巴。

2. 某珠宝商店失窃，甲、乙、丙、丁四人涉嫌被拘审。四人的口供如下：

甲：案犯是丙。

乙：丁是罪犯。

丙：如果我作案，那么丁是主犯。

丁：作案的不是我。

四个口供中只有一个是假的。

如果以上断定为真，则以下哪项是真的？

A. 说假话的是甲，作案的是乙。

B. 说假话的是丁，作案的是丙和丁。

C. 说假话的是乙，作案的是丙。

D. 说假话的是丙，作案的是丙。

E. 说假话的是甲，作案的是甲。

3. 某银行失窃，职员甲涉嫌被询问。保安人员问的第一个问题就是："你以后还敢不敢再偷？"

上述提问方式，和下列哪项最为类似？

A. 小明考试粗心，数学只得了 90 分。爸爸问他："你以后还粗心吗？"

B. 老张花了大笔钱游玩某地，结果大失所望。老李幸灾乐祸，问老张："你以后还去吗？"

C. 小赵酒后驾车，结果翻车住院，还被罚了款。小赵爱人又气又急，问："你以后还敢再酒后驾车吗？"

D. 某歌舞厅因违法经营被查封，半年后复业。执法人员问老板："你以后还敢不敢再犯了？"

E. 父亲听说儿子有赌博行为，抓住儿子就是一顿暴打，并厉声喝问："你以后还敢不敢再赌博？"

4. 调查表明，最近几年来，成年人中患肺结核的病例逐年减少。但是，以此还不能得出肺结核发病率逐年下降的结论。

以下哪项如果是真的，最能加强以上的结论？

A. 上述调查的重点是在城市，农村中肺结核的发病情况尚缺乏准确的统计。

B. 肺结核早就不是不治之症。

C. 和心血管病、肿瘤病等比较起来，近年来对肺结核的防治缺乏足够的重视。

D. 近年来未成年人中的肺结核病例有所上升。

E. 防治肺结核病的医疗条件近年来有很大的改善。

扩展训练题答案

一、判断正误并简述理由

1. 正确。逻辑规律包括同一律、矛盾律、排中律和充足理由律，前三个规律从不同角度要求思维必须具有确定性，第四个规律要求思维必须具有论证性。

2. 错误。逻辑规律也具有客观性。这种客观性首先在于逻辑规律有客观基础。逻辑规律从本质上讲是对事物质的稳定性和事物之间的因果联系性的反映。这种客观性其次还表现在思维结果上，如果违反了逻辑规律，必然导致思维的无效，这一点不以人的意志为转移。

3. 错误。矛盾律要求人们在两个相互否定的思想中必须否定一个，因为两个相互否定的思想不可能同真。

4. 错误。排中律要求人们在两个相互矛盾的思想中必须肯定一个，因为两个相互矛盾的思想有且一定有一真。

5. 正确。充足理由律要求人们在陈述一个观点或反驳一个观点时必须拿出充足的理由来，其根据就是因为任何事物都不是孤立的，都有自己的前因后果。

二、单项选择题

1. D   2. C   3. B   4. A   5. D

三、多项选择题

1. B、D   2. B、D、C   3. A、C、E
4. A、B   5. A、C

四、分析题

1. 本句子说逻辑学既古老又年轻貌似违反了矛盾律，但是实际上是正确的，因为本句子是从不同角度来讨论逻辑学的历史的。从逻辑学的系统化、理论化和理论的成熟性来看，确实时间很短，但人类对思维逻辑性的探索的历史却是悠长的。

2. 本句子违反了逻辑规律。因为本句子前面说"雨一直没有停"，后面又说"雨又下起来了"，意味着"雨曾经停过"，前后不一致，犯了"自相矛盾"的逻辑错误。

3. 是的，这种发明从逻辑上讲是成立的，因为"他"说的是"我想"，而这个想法本身没有逻辑错误。至于这个想法能否实现，那不是逻辑问题，而是实践问题。

4. 本句子违反了逻辑规律，因为本句子前面说的是"夜深"，即"深夜"，后面说的是"黎明时分"，前后不一致，犯了"自相矛盾"的逻辑错误。

5. 宋玉违反了逻辑规律，犯了"偷换概念"、"混淆概念"的逻辑错误。宋玉把登徒子夫妻恩爱等同于"好色"，荒谬！

五、综合题

1. 正确答案为 B。题干工作人员的回答和 B 选项中的专家都犯了"转移论题"的逻辑错误，因为在题干中，顾客质疑的是游泳池罚款的合法性问题，而工作人员回答的是罚款的作用问题。B 选项也如此，市民质疑的是文明公约的内容繁简问题，专家回答的是文明公约的制定过程问题。他们都"转移论题"了。

2. 正确答案为 B。由题干可知，乙与丁的口供相矛盾，必有一假，则甲、丙的口供必真。甲、丙的口供为真，故选 B。

3. 正确答案为 E。题干与 E 选项都属于"复杂问语"式的问题。所谓"复杂问语"是指隐含着虚假预设的问题。题干的保安人员是预设了职员甲有偷盗事实之后才发问的，而这个事实是尚未被确认的；同样的，E 选项中的父亲也是如此，他先预设了孩子已经有赌博的事实之后才发问的，而这个事实是尚未被确认的。

4. 正确答案为 D。题干根据成年人中患肺结核的病例逐年减少的调查，认为不能轻易得出（所有人）肺结核发病率逐年下降的结论。D 选项为这个判断提供了支撑材料：近年来未成年人的肺结核病例有所上升。这个材料有充分理由加强题干结论，所以选 D。

后 记

列宁说：任何科学都是应用逻辑。同样的，逻辑就存在于我们的生活之中。你稍加留意就会发现，在文章典籍和轶闻趣事中、在历史故事和现实生活中，逻辑的影子无处不在。那么，通过一些典型案例来了解逻辑知识，既是一条学习逻辑知识的有效途径，又是一次非常有趣的逻辑训练的思维旅行。《逻辑案例与习题》就是按照这一写作理念编写的。本书还提供了西南财经大学出版社出版的《逻辑通识教程》教材练习题的参考答案，编制了与各级各类逻辑能力测试相关的、富有针对性的逻辑扩展训练题及其答案。所以，本书既是一本与《逻辑通识教程》教材配套使用的教学辅导读物，亦是一本可以独立使用的集逻辑知识性、逻辑趣味性和逻辑能力训练于一体的逻辑通识读物。

参加本书编写的作者及其承担的工作如下：

第1章　导论（谷飙，西南财经大学）；

第2章　概念（廖伟，西南财经大学）；

第3章　判断和推理概述（谷飙，西南财经大学）；

第4章　简单判断及其推理（谷飙、廖伟，西南财经大学）；

第5章　复合判断和复合判断推理（上）（胡晓萍，四川教育学院）；

第6章　复合判断和复合判断推理（下）（胡晓萍，四川教育学院）；

第7章　归纳推理（龙小平，电子科技大学）；

第8章　类比、假说和预设（龙小平，电子科技大学）；

第9章　论证（谷飙，西南财经大学）；

第10章　逻辑规律（曾狄，西南财经大学）。

全书由主编曾狄、唐晓勇设计编写大纲并统稿，廖伟、谷飙协助主编工作。

本书的编写得到了西南财经大学出版社的大力支持。《逻辑通识教程》教材出版以来，社会反响积极，于是，为了帮助读者更好地使用教材，更有效地进行逻辑自我训练，我们编写了这本《逻辑案例与习题》。教材编辑王利先生以敏锐的专业眼光注意到本书编辑出版的重要性，多次与我们联系，积极策划，其敬业精神令人钦佩。我们还十分感谢西南财经大学出版社社长兼总编冯建教授、副总编曾召友先生对本书的关心。西南财经大学聘任教师许登武先生、四川师范大学林胜强教授为本书的编写提出了不少宝贵建议，在此一并致以诚挚的谢意。

曾狄
2008 年春于光华园

后
记

图书在版编目(CIP)数据

逻辑案例与习题/曾狄,唐晓勇主编;廖伟,谷飙副主编. —成都:西南财经大学出版社,2008.3(2010.8 重印)

ISBN 978 - 7 - 81088 - 929 - 2

Ⅰ. 逻… Ⅱ. ①曾…②唐…③廖…④谷… Ⅲ. 逻辑—高等学校—教学参考资料 Ⅳ. B81

中国版本图书馆 CIP 数据核字(2008)第 019377 号

逻辑案例与习题

主 编:曾狄 唐晓勇
副主编:廖伟 谷飙

责任编辑:王利
封面设计:穆志坚
责任印制:封俊川

出版发行	西南财经大学出版社(四川省成都市光华村街55号)
网 址	http://www. bookcj. com
电子邮件	bookcj@ foxmail. com
邮政编码	610074
电 话	028 - 87353785 87352368
印 刷	郫县犀浦印刷厂
成品尺寸	170mm ×240mm
印 张	13.25
字 数	225 千字
版 次	2008 年 3 月第 1 版
印 次	2010 年 8 月第 5 次印刷
印 数	11001—15000 册
书 号	ISBN 978 - 7 - 81088 - 929 - 2
定 价	20.80 元